¡Cómo Hacer que los Niños Digan SÍ!

Usando los Cuatro Colores de Lenguajes Secretos para Hacer que los Niños Escuchen

Ella, Liz, y Keith Schreiter

¡Cómo Hacer que los Niños Digan SÍ!

© 2020 by Ella, Liz, y Keith Schreiter

Todos los derechos reservados, lo que incluye el derecho de reproducir este libro o porciones de él en cualquier forma.

Publicado por Fortune Network Publishing

PO Box 890084

Houston, TX 77289 Estados Unidos

Teléfono: +1 (281) 280-9800

BigAlBooks.com

Diseño de Portada por: Ella Schreiter

ISBN-13: 978-1-948197-69-4

CONTENIDOS

Prefacio v
El temido consejo no solicitado. 1
Cuatro hijos. 5
¿Cuál es la personalidad amarilla? 7
Cómo interactuar con la personalidad amarilla. 15
¿Cuál es la personalidad azul? 19
Cómo interactuar con la personalidad azul. 29
¿Cuál es la personalidad roja? 35
Cómo interactuar con la personalidad roja. 43
¿Cuál es la personalidad verde? 45
Cómo interactuar con la personalidad verde. 53
¿Y cuál es el color de personalidad de tu hijo? 57
Qué ocurre en la vida de Ella. 67
¿Qué ocurre cuando los mundos de color de los niños chocan? . . . 79
Cambios de humor y camaleones. 85
Más ejemplos de la vida real. 87
¿Cuáles son las debilidades de los cuatro colores de las personalidades? 101
¿Deberíamos enseñar los colores de las personalidades a nuestros niños? 103
Como padres, queremos que nuestros niños sean una mejor versión de nosotros. 105
¿Por qué no enseñan esto en la escuela? 107
Agradecimiento. 109
Comentario del Traductor 111

PREFACIO

Este libro no es un caso de estudio para psicología, o consejos sobre cómo criar niños. Hey, apenas tengo nueve años.

Estoy escribiendo este libro con mis padres. Quiero ayudar a otros padres a ver y entender a sus hijos desde un punto de vista diferente.

Tal como los adultos, todos los niños son diferentes también. Todo en este mundo es nuevo para nosotros y apenas estamos descubriendo nuestro propio camino. Ponemos a prueba los límites e intentamos cosas nuevas.

No tenemos la experiencia que nuestros padres tienen para ayudarnos con nuestros juicios. No hemos madurado tanto todavía.

Nuestros padres nos pueden dar dirección y consejos más fácilmente si sólo reconocieran nuestra personalidad dominante.

Este simple punto hace las cosas mucho más fáciles para nosotros. Cuando los padres saben cuál es el color de nuestra personalidad, será mucho más fácil y rápido ayudarnos a comprender. No somos complicados. Simplemente vemos, aprendemos, y experimentamos en nuestro mundo a través de una de estas personalidades únicas.

***

Y ahora, de parte de los padres…

Hay tres cosas que debes saber sobre este libro.

#1. Somos padres, no psicólogos.

Sólo queremos comprender y ayudar a nuestros hijos.

Pero como la mayoría de los padres, no tenemos el tiempo para clases universitarias o seminarios de fin de semana sobre psicología. Los niños nos mantienen demasiado ocupados para eso.

Este libro no es un libro de texto ni un curso de psicología. Se trata de comunicarnos con nuestros hijos de manera que les ayudemos a comprendernos mejor a nosotros y al mundo que les rodea.

Así que relájate y disfruta de este libro. Es una forma divertida de conectar con tus hijos y tener una mejor relación. Elimina algunas de las frustraciones de ser padre.

No se pondrán en riesgo trabajos de psicólogos al leer este libro.

#2. Esto es una guía, no un manual de instrucciones.

Si has estudiado los perfiles de las personalidades anteriormente, ya conoces los temperamentos: flemático, sanguíneo, colérico y melancólico. Ugh. Eso es difícil de recordar. Además, nuestros niños no quieren contestar cuestionarios ni hacer pruebas. Estamos buscando una manera de identificar cómo cada uno de nuestros hijos ve el mundo. Una vez que sabemos esto, podemos conectar con ellos, elogiarlos, disciplinarlos y motivarlos. (¿Motivarlos?) Sí, los niños necesitan un empujón… a menudo.

#3. Etiquetar es peligroso.

Describiremos los cuatro tipos básicos de personalidades. Mientras lees esto, naturalmente te identificarás con varias partes de cada personalidad. Una de estas personalidades puede describir mejor a nuestro hijo. Estaremos observando el panorama completo aquí, así que no te preocupes por los detalles.

Todas las personalidades tienen fortalezas y debilidades, altas y bajas, componentes fáciles y difíciles. Ten en mente que los niños no son 100% de una personalidad. Pueden tener tratos que cubren dos o más personalidades.

No queremos presionar a nuestro niño contra una esquina al etiquetarlo como "un tipo de persona." Queremos que crezcan y se expresen libremente sin tratar de conformarse con una etiqueta.

Veremos los tratos más obvios y los usaremos como guía para nuestra comunicación. Esto nos ayudará a comprender la visión de nuestros niños sobre nosotros y su mundo.

EL TEMIDO CONSEJO NO SOLICITADO.

Haz un simple comentario a un amigo sobre que estamos teniendo dificultades con nuestros hijos. Peor aún, publícalo en redes sociales.

¿Qué ocurre? Los consejos no solicitados comienzan a llover. ¡Algunos de los consejos vienen de amigos que ni hijos tienen!

Todo lo que queríamos era algo de soporte positivo y afirmación de nuestros amigos. En lugar de eso, recibimos consejos opuestos y las últimas teorías. Nuestros amigos desinformados nos están diciendo qué hacer. Ellos no tratan con nuestro niño las 24 horas del día. No conocen toda la historia.

¿Pero sus consejos?

- "Esto es lo que necesitas hacer." (No conozco la historia completa, pero aquí está la solución correcta.)
- "Esto es lo que yo hago." (Lo que yo hago funciona para todos, en todas las situaciones.)
- "Esto es lo que funciona con mi hijo." (Tu hijo debe ser tal como el mío.)
- "Lo que debes hacer es…" (No tengo hijos pero vi un programa en televisión y dijeron…)

Esperemos que nadie nos pregunte: –¿Y cómo te fue con tu hijo y mi maravillosa recomendación?– No queremos herir sus sentimientos al decir que no tomamos sus maravillosas recomendaciones.

¿La realidad?

La "misma talla" no es para todos.

No hay una solución universal que funcione con cada niño en toda circunstancia. ¿Por qué?

Debido a que los niños son diferentes. Los padres son diferentes. Las circunstancias son diferentes.

"¿Por qué no eres como el niño #1?"

Nuestro primer hijo o hija nace. Nos damos cuenta de que necesitamos "resolver las cosas." Probamos con todo. Con el tiempo, encontramos lo que funciona con nuestro primer hijo. Sabemos cómo mantenerlo felíz. Sabemos cómo motivarlo. Sabemos sus necesidades.

Sí, nos tomó algo de tiempo pero ya lo tenemos todo resuelto… hasta que…

Llega el segundo hijo.

Pensamos que esto será fácil. Usamos los mismos métodos para motivar, para mantenerla felíz, y creemos saber lo que funciona mejor con ella. Y, ¡sorpresa!

Fracaso total.

¿Por qué?

Ella no es nada como nuestro primer hijo. De hecho, ¡es totalmente lo contrario!

Nuestra experiencia previa es inútil. Hay algo diferente. Está "hecha" de forma completamente distinta que nuestro primogénito. Sentimos ganas de arrojar los brazos al aire y gritar de frustración.

¡Queremos respuestas!

La realidad es que nuestros dos hijos fueron "hechos" totalmente diferentes desde el nacimiento. Ellos tendrán puntos de vista diferentes cuando observen y reaccionen ante su nuevo mundo.

Ahora, no tenemos que ser psicólogos para ver esto. No necesitamos años de entrenamiento, libros gruesos, y conferencias interminables para ver lo que es obvio. Estamos viviendo la experiencia.

¿Al final?

Queremos descifrar cómo hacer mejores y más felices las vidas de nuestros hijos. Como una ventaja adicional, si podemos comunicarnos mejor con nuestros hijos, nuestras vidas se hacen más fáciles.

CUATRO HIJOS.

Cuatro personalidades completamente diferentes.

Los mismos padres.

Desde la infancia, parecen abordar al mundo de maneras diferentes.

La Hija #1 nació para ser una cuidadora. Practica con sus muñecas y adora cuidar a sus hermanos menores. A los cinco años de edad, ella puede alimentar a sus hermanos pequeños y no puede esperar a cocinar la comida para toda la familia.

El Hijo #2 ríe y ama el entretenimiento. Con períodos de atención más cortos, necesita estímulos constantes para mantener el interés. Es un extrovertido y un comediante de nacimiento, se hace amigo instantáneo de quien sea.

La Hija #3 quiere hacer todo por su cuenta. Ella insiste en preparar su propia comida y participar en todo lo que hacen sus hermanos mayores.

El Hijo #4 tiene curiosidad por todo en el mundo. Él investiga y experimenta cuidadosamente con sus nuevos alrededores. Introvertido por naturaleza, la interacción social no siempre es su prioridad. Puede imaginarlo convirtiéndose en científico.

- El mismo medio ambiente.
- Los mismos padres.
- Cuatro personalidades únicas.
- Cuatro diferentes maneras de ver e interactuar con el mundo.

Este libro será un breve, fácil y divertido manual sobre cómo reconocer las cuatro personalidades básicas en nuestros hijos. Esto nos puede ayudar a comprenderlos mejor al ver el mundo a través de sus ojos.

Aprenderemos algunas técnicas básicas de interacción para conectar y comunicarnos con nuestros niños de manera más efectiva.

Nos gusta mantener las cosas fáciles y simples. Así que, no vamos a aprender ningún término científico difícil de pronunciar. En lugar de eso, usaremos cuatro colores básicos para describir las personalidades. Mucho más fácil.

Así que vayamos a descubrir las cuatro personalidades básicas de nuestros niños.

¿CUÁL ES LA PERSONALIDAD AMARILLA?

¿Una manera de reconocer y recordar a las personalidades amarillas? Sólo necesitas una sola palabra:

"Ayuda."

No es ayuda del tipo rescatistas de emergencias, sino, "¿Cómo puedo ayudar a los demás?"

A las personalidades amarillas les fascina ayudar a otras personas. Ellos encuentran satisfacción y realización ayudando a otros a vivir vidas mejores y más felices. El sentimiento de satisfacción es toda la recompensa que desean.

Busca estas características dominantes:

- Es más silencioso y menos extrovertido.
- Se preocupa por los demás.
- Se interesa por los sentimientos de las demás personas.
- Quiere ser parte del esfuerzo de equipo.
- Ama las causas nobles y la recolección de fondos.
- Tiene un fuerte deseo de proteger a su familia y amistades.
- Busca oportunidades para contribuir.
- Ama ayudar a otras personas a lograr sus metas.

- No se interesa en ganar personalmente, pero le preocupa que otras personas se puedan sentir mal cuando pierden.
- Toma la iniciativa como voluntario para proyectos.

Una manera de recordar las personalidades amarillas es visualizar ejemplos en nuestra mente. Aquí hay algunos ejemplos clásicos de personalidades amarillas:

- Abelardo de *Plaza Sésamo*. (El ejemplo perfecto, especialmente por que es un gran pájaro amarillo.)
- Mr. Snuffleupagus de *Plaza Sésamo*.
- Mr. Rogers del programa infantil, *El Vecindario de Mr. Rogers*.
- Hadas Madrinas.
- Elmo. Todos aman a Elmo.
- El vecino de Homero Simpson, Ned Flanders. Él es un gran ejemplo de una felíz y amistosa personalidad amarilla dispuesta a ayudar.

Charlie Brown.

El personaje de las tiras cómicas, Charlie Brown, es la personalidad amarilla esencial. Él siempre busca complacer… a todo el mundo. Debido a que está tratando de hacer felices a todos, nunca fue capaz de tomar una decisión para salir adelante.

¿Recuerdas el Especial de Navidad de Charlie Brown? Charlie se ofreció para comprar un árbol de Navidad. Sus amigos querían el más novedoso, reluciente y más moderno árbol de Navidad. Querían ese árbol de Navidad indestructible, flamante y artificial.

Pero no Charlie Brown. Él se enamoró de un árbol real. Se enamoró del más triste, más famélico, moribundo árbol de Navidad. El árbol necesitaba simpatía y amor. Cuando Charlie Brown recogió el árbol, la mayoría de sus hojas secas cayeron al piso. Fue tan triste. Sólo una personalidad amarilla se quedaría con este necesitado y desamparado árbol.

Charlie Brown trajo ese árbol de Navidad. Sus amigos se burlaron de él. Pero las burlas no afectaron a Charlie. Él no permitió que nadie arruinara su espíritu navideño. Él dijo: –Yo les mostraré que esto puede funcionar.– Él hizo esto no para demostrar que sus amigos estaban equivocados, sino por que amaba a ese delgado y enfermizo árbol.

Incluso cuando la suerte de Charlie Brown lo abandona y el árbol no responde, sus amigos dicen: –Quizá este árbol sólo necesita un poco de amor."

La inspiración de Charlie Brown une a sus amigos para decorar y hacer que el árbol funcione. El amor es lo que las personalidades amarillas usan para solucionar casi todo.

Otros personajes que nos ayudarán a recordar a las personalidades amarillas.

Belle, de *La Bella y La Bestia*, es una personalidad amarilla. Ella siempre veía lo mejor en todos, incluyendo La Bestia. Ella quiere ayudar y entender.

Otro personaje clásico de caricaturas es Cenicienta. Ella quiere complacer a todos. Cenicienta quiere ir al baile, pero no quiere causar problemas con su madrastra.

¿Qué palabras usan las personalidades amarillas?

Sí, sólo escuchemos hablar a nuestros niños. Cada color de personalidad tiene su propio conjunto de palabras únicas que nos darán claves. Si los niños son personalidades amarillas, estas palabras naturalmente aparecerán en sus conversaciones:

- Amor.
- Complacer.
- Lindo.
- Ayuda.
- Juntos.
- Cuidados.
- Seguridad.
- Animar.
- Sentimientos.
- Servicio.
- Equipo.
- Preocupación.
- Amable.

Algunos ejemplos de la vida real de personalidades amarillas.

Sarah tiene una personalidad amarilla. Todas la mañanas le toma algunos cientos de abrazos decirle adiós a su madre cuando es hora de ir a la escuela. Su mejor amiga es Amber. ¿Por qué? Por que Amber necesita una amiga. Sarah no tolera que alguien esté sola.

John es una personalidad amarilla. En la escuela, él ayuda a sus amigos con su tarea. Se preocupa por sus calificaciones. Si le preguntas a John: –¿Cómo fue tu día?– él responderá: –Fue un día grandioso. Ayudé a dos personas con las matemáticas hoy. Ahora creo que ya lo entienden.–

Jane comparte sus juguetes de buena gana con sus amigos y disfruta observándolos jugar. Ella buscará en lo más profundo del cesto de juguetes para asegurarse de que todos tengan algo con qué jugar. ¿Qué tan amarillo es eso?

Cindy tiene nueve años. Tiene tres hermanos menores. Cindy es la ayudante de su mamá. Ella cuida a sus hermanos, los reconforta, ajusta pleitos, limpia, e incluso cambia los pañales del bebé. La responsabilidad y los cuidados son su segunda naturaleza.

Tim se preocupa por que el nuevo niño del salón no tiene amigos. Quiere que todos sean felices y se lleven bien. Él siempre ofrecerá la silla de al lado para asegurarse de que todos encuentren un lugar para sentarse.

¿Pero qué hay de los padres?

Sí, como padres, podemos tener una personalidad amarilla. Eso haría fácil el comunicarnos con nuestros hijos de personalidad amarilla. Veríamos el mundo de la misma manera.

¿Algunos ejemplos o pistas de que podríamos ser padres con personalidad amarilla?

- Tenemos empleos tales como maestro de preescolar, trabajo social, terapeuta de masajes, o representante de servicio al cliente. Y, amamos nuestro trabajo.
- Disfrutamos de recolectar fondos, proyectos de beneficencia y voluntariado.
- Asistimos a las juntas de padres y las juntas de vecinos.

Disfrutamos al conocer más personas y ayudarlos en sus metas.

Comunicarnos es fácil cuando todos hablan el mismo idioma con la misma forma de ver el mundo.

"Quiero una galleta."

Las personalidades amarillas quieren evitar las confrontaciones y los rechazos. Notarás que a menudo son de tono dulce. Son menos directos. Harán preguntas en círculo en lugar de hacer una pregunta muy certera.

Por ejemplo, "Estoy sintiendo algo de hambre. ¿Hay algo para comer?" O, "Sólo quiero algo ligero, ¿tenemos algo como una galleta?"

Las personalidades amarillas jamás darán la orden, "Dame una galleta… ¡AHORA!" Son mucho más sutiles.

Horneando galletas.

El niño de personalidad amarilla ama hornear galletas con Mamá. Es una actividad divertida que fortalece los lazos mutuos. Es una oportunidad de sentirse genial al ayudar y contribuir. Espera una experiencia padre/hijo agradable, rica en conversaciones y que se percibe como un esfuerzo en equipo. A las personalidades amarillas les encanta ser parte de un equipo.

¿La mejor parte de hornear galletas?

¡Compartirlas, por supuesto!

¿La recompensa más grande para las personalidades amarillas? Cuando ven las sonrisas de las personas que disfrutan de sus galletas horneadas en casa.

¡Vamos a la ópera!

Nuestro hijo o hija con personalidad amarilla aprecia el tiempo de calidad con nosotros. Podemos esperar un niño bien portado, que escucha y se comporta como un adulto. Aquí hay una oportunidad para que el niño amarillo muestre su madurez. Nuestro paciente niño de personalidad amarilla es el acompañante perfecto para ir a la ópera.

E incluso si no les fascina la experiencia de la ópera, aún así sonreirá y estará felíz sólo por estar con nosotros.

CÓMO INTERACTUAR CON LA PERSONALIDAD AMARILLA.

¿Recuerdas la palabra mágica de los amarillos? "Ayuda." No sólo con esta palabra capturamos su atención, sino que también los motiva a la acción rápidamente.

La palabra "ayuda" captura la atención de las personalidades amarillas todas las veces. Por un momento, vamos a pretender que somos una personalidad amarilla. Sólo escucha las siguientes frases y ve si atraen nuestra atención:

- "¿Puedes ayudarme?"
- "Necesito ayuda."
- "¿Me ayudarías?"
- "¿Alguien me podría ayudar con esto?"
- "Ayúdame, por favor."
- "Me serviría algo de ayuda aquí."
- "¿Sabes qué sería de gran ayuda ahora?"

Ahora que tenemos la atención de nuestro niño, agregamos nuestra petición. Por ejemplo: –¿Me ayudas a levantar estos juguetes?–

O: –Mami necesita ayuda el día de hoy. Me ayudarías a limpiar tu habitación?–

Ser parte del equipo tiene resonancia con las personalidades amarillas.

"Ayuda" está bien, pero aquí hay una palabra que es aún mejor.

Conocemos la palabra mágica "ayuda," que hará que tengamos la atención de la personalidad amarilla. Ahora, existe otra palabra que hará nuestra petición aún más irresistible. Simplemente agrega la palabra "juntos."

Las personalidades amarillas aman hacer las cosas juntos. Les encanta ser parte del equipo. Recuerda, obtienen su satisfacción personal de ayudar y al participar en actividades de equipo.

Ahora, vamos a replantear nuestra petición anterior:

"¿Me ayudas a levantar estos juguetes? Podemos hacerlo juntos."

Aquí hay algunos otros ejemplos:

"Me podrías ayudar? Necesito ayuda con esta ropa. Podemos hacerlo juntos."

"¿Sabes que sería de gran ayuda? Si guardas los trastes rápido, podemos hacer una rica cena juntos."

"Podría usar algo de ayuda. ¿Podrías limpiar tu cuarto? Así podré pasar la aspiradora y luego podemos ir por un helado juntos."

"Si ayudas a tus maestros al terminar todas tus tareas de la escuela, podemos pasar tiempo juntos en…"

"¿Sabes qué sería de mucha ayuda? Darte prisa a terminar las tareas para que podamos pasar un buen rato de calidad juntos."

Magia.

¿Disciplina?

Las personalidades amarillas normalmente no necesitan de disciplina.

Son los niños mejor portados que uno puede imaginar. Sí, se hacen responsables desde temprana edad. Y debido a que se preocupan por otras personas, sus decisiones son muy maduras.

Pero cuando las personalidades amarillas requieren disciplina, ¿cómo es que entienden?

Las personalidades amarillas quieren agradar. No quieren decepcionar a sus padres o amigos.

Este es un factor de motivación enorme en su comportamiento. Decepcionar a alguien es el peor castigo posible para una personalidad amarilla.

Irse a su cuarto es fácil durante un "tiempo fuera." Incluso restringiendo privilegios no se perturba a las personalidades amarillas. Pero, una desaprobación de un padre o amigo es un dolor agonizante.

Creando lazos.

Los niños amarillos valoran las relaciones. Cualquier tiempo que pasemos con nuestros hijos de personalidad amarilla es tiempo de calidad. Aquí hay algunas actividades que construyen una mejor relación con nuestros niños de personalidad amarilla.

- Ir de compras juntos.
- Cocinar juntos.
- Jugar juntos. Cualquier juego está bien, siempre que los padres participen.
- Discutir las actividades del día. Asegurar preguntarles "¿cómo te sientes?" sobre los eventos del día.
- Incluso los deberes rutinarios y las tareas del día son geniales, cuando participamos con nuestros hijos.

¿CUÁL ES LA PERSONALIDAD AZUL?

Piensa en acción. Piensa en emociones fuertes. Piensa en diversión. Los niños con personalidades azules están en constante movimiento. Sus mentes están yendo a 100 millas por hora, en varias direcciones, al mismo tiempo. ¿Y el enfoque? Cada nuevo y brillante objeto acorta su lapso de atención.

Una buena manera de recordar a la personalidad azul es con estas palabras:

- Emocionante.
- Baile.
- Explorar.
- "Hormigas en el pantalón."
- Aventura.
- Probar todo lo nuevo.
- Actúa primero.
- Entretenimiento.
- Diversión.
- Juego.
- Cantar.
- Novedad.
- Asombroso.
- Ocupado.
- Fiesta.

- Tantear.
- Viaje. ("¡Viaje! ¿Vamos a algún lugar nuevo? ¡Vámonos ya!")

Otra manera de recordar a la personalidad azul es visualizar ejemplos en nuestras mentes. Aquí hay algunos ejemplos clásicos de personalidades azules:

- Bugs Bunny. Siempre buscando pasar un buen rato.
- Bob Esponja Pantalones Cuadrados. Corto lapso de atención y enfoque en la diversión.
- Snoopy, el perro de las tiras cómicas, *Peanuts*. Él siempre estaba en alguna aventura, imaginando nuevas historias, o buscando diversión. ¿Recuerdas la danza de felicidad de Snoopy? ¿O cuando pretendía ser el "Barón Rojo" mientras se sentaba sobre su casa para perro?
- Pinkie Pie de *Mi Pequeño Poni*. Ella siempre era el alma de la fiesta.
- Goofy. Él sólo iba por la vida con una sonrisa perpetua en su rostro. Las personalidades azules son felices.
- El Oso Yogi. Siempre probando los límites y teniendo aventuras.
- Ernesto y el Monstruo Comegalletas de *Plaza Sésamo*. Gente emocionante.
- El Corre Caminos siempre estaba activo y disfrutando de su vida. Willy Coyote y sus deseos de capturarlo eran sólo un juego para él.
- Shaggy y Scooby-Doo. Diversión, aventura y risas.

Las personalidades azules están llenas de energía. Pueden estar a tope todo el día, y parece que nunca necesitan tiempo de recargar. Sí, esto significa que no hay descanso para los padres.

Ellos irán al 100% de la velocidad hasta que el tanque de gas se vacíe. Luego, el colapso. No encontraremos una personalidad azul tranquilamente acostado en su cama esperando ir a dormir. A menos que esa personalidad azul esté exhausta, sus mentes evitarán que vayan a dormir. Ellos quieren hablar. Quieren hacer cosas. Ellos simplemente no pueden dormir a menos que cada gramo de energía se haya ido.

Vemos personalidades azules en todas partes. ¿Por qué? Por que son activas. Observa al bebé en el centro comercial que se detiene frente a cada tienda para bailar con la música. Sabemos que los padres de esa personalidad azul están delante de 15 años más de hiperactividad.

Mira a los niños que les encanta saltar en las sillas y el sofá mientras gritan y ríen a todo pulmón.

Nuestra hija, Ella, adora la música. Siempre hay música en su cabeza. Así que desde que comenzaba a gatear, se mecía con la música. ¿Y ahora? Sigue sin caminar. Ella salta, baila y brinca hasta su siguiente ubicación.

Las personalidades azules son conversadores naturales, y hablan directamente.

Por ejemplo, esta es una conversación con nuestra hija, Ella:

–¿Puedo comer una galleta?–

–No.–

–¿Qué tal sólo dos galletas?–

–No. Galletas no.–

–¿Puedo comer tres galletas si sonrío?–

–Sonreír es bueno, pero nada de galletas. Ya casi cenamos.–

–Si como sólo una galleta no arruinaría mi cena.–

–Está bien, pero sólo vas a comer una galleta, ¿está bien?–

–Sí. Gracias. Puedo comer el resto de las galletas como postre si termino mi cena.–

Y así continúan las negociaciones. Las personalidades azules no parece que tomen el rechazo personalmente, especialmente sobre galletas. El niño de personalidad azul simplemente seguirá pidiendo más galletas de formas diferentes. Eventualmente, deterioran la resistencia de sus padres. Lo sabemos. Un conflicto verbal es sólo una discusión para ellos.

Por lo menos las peticiones son directas. Las personalidades azules no tienen problema en ser directas con sus peticiones.

Horneando galletas.

Bueno, esto es divertido al principio, pero sólo por poco tiempo.

La personalidad azul puede comenzar diciendo: –¿Vamos a hacer galletas? ¡Sí! Espera, necesito ir por mi mandil… y traer a mi muñeca, oh, y ella va a necesitar un mandil por que también quiere hacer galletas.–

El enfoque rápido y en constante cambio de las personalidades azules, hace que se aburran rápidamente con la rutina de hornear galletas. Medir las primeras tazas de harina fue divertido, pero ahora necesitamos una estimulación nueva, más emocionante. Tratar de mantener al niño azul enfocado en los pasos para hornear galletas se siente como una causa perdida.

En lugar de regaños y gritos: –¡Concéntrate!–… Quizá podemos hacer la experiencia de hornear galletas más interesante, más interactiva. O, podemos aceptar la realidad de que nuestro niño estará en otro lugar en cinco minutos. Por supuesto que nuestro niño de personalidad azul pasará volando por la cocina cada pocos minutos para revisar el progreso de "nuestras" galletas.

Cuando hornear galletas deja de ser divertido, la personalidad azul buscará otras actividades para satisfacer su necesidad de diversión.

Y finalmente, ¿qué color de niño será el que coma más galletas? ¡Sí! ¡Los de personalidad azul! Comer galletas es divertido.

¡Vamos a la ópera!

¿Los niños de personalidad azul? Oh, ¿por dónde comenzamos?

¿Ir a la ópera? Esto suena emocionante. Un lugar nuevo. Nuevas experiencias para disfrutar. Sin embargo, seguir sentado durante una aburrida ópera es imposible para la personalidad azul. El niño no puede hablar, no puede bailar, no puede aplaudir, y debe sentarse quieto durante toda la función.

¿Sentarse quieto? No, esto nunca sucederá. La energía que zumba dentro de la personalidad azul será un estrés constante para los padres. Incluso el niño azul más amable estará buscando diferentes actividades. –¿Podemos ir por algo de beber?– O: –¿Cuándo podemos levantarnos para ir a otro lado?– O –¿Qué vamos a hacer después? O, –¿Puedo jugar un juego en tu teléfono ahora?–

Ahora, un concierto de rock es la salida perfecta para la personalidad azul. Gritar, hablar, cantar, bailar, correr, vitorear, refrescos, nuevas amistades, ser salvaje, novedosos estímulos constantemente…

Más ejemplos de los niños de personalidad azul.

¿Recuerdas a Dory, el pequeño pez azul de la película *Buscando a Nemo*?

Oh, ella era una grandiosa personalidad azul. Este despreocupado, felíz y afortunado pececillo quería hacer amigos, y podría hacer amigos con quien sea que conociera. Ella era el pez más amistoso del océano. Feliz, felíz, felíz.

¿Alguna oportunidad de diversión? Dory sería la primera en saltar como voluntaria. Incluso si los tiburones quieren voluntarios, ella levanta su aleta y grita: –¡Escógeme! ¡Escógeme!–

¿Enfoque? Jamás.

La atención de Dory estaba constantemente cambiando a algo nuevo. Ella olvidaba a dónde iba. Dory no podía ni recordar que Nemo era su amigo.

Su cómica línea en la película resumió su corto lapso de atención. Ella dijo: –¿Pérdida de memoria a corto plazo? Lo llevamos en la familia, según yo.–

Las personalidades azules son gente de acción. ¡Están listos para la acción antes de que sepan qué hay que hacer! En la película, Dory incluso cree que sabe otro lenguaje. ¿Alguna vez has visto a un pez tratando de hablar con una ballena? Ni pensarlo, así que ella prueba hablando más fuerte. En su mente ella piensa que puede hablar con las ballenas. Tienes que darle crédito por intentarlo.

La mejor característica de Dory era que trataba de animar a todos cuando era posible. Ella trataba de animar a la gente para que pudiera tener una persona felíz con quien jugar.

¿Por qué no hacerlo mientras canta? ¿Y celebra? ¿Por qué no? A las personalidades azules les encanta la fiesta.

El Genio de la película *Aladín*.

¿Hiperactivo y de hablar rápido? El Genio de *Aladín*. El Genio era divertido y entretenido. Siempre con bromas rápidas y canciones.

Además, atrapado en una lámpara sólo durante 10,000 años fue una verdadera tortura para una personalidad azul. ¡Sin nada que hacer!

Las personalidades azules son comediantes naturales, animadores, y son muy sociales.

Las personalidades azules están emocionadas sobre estar emocionadas… ¡y felices por ello!

Incluso el detalle o tarea más simple puede traerles emoción y diversión. Pregúntale: –¿Quieres un sándwich de mermelada y crema de maní?–

Incluso eso puede ser emocionante, incluso si esa personalidad azul comió el mismo sándwich por cinco días seguidos. Las personalidades azules están felices siendo felices. Quizá su corto lapso de atención les permite dejar el drama en el pasado.

Recuerda, agrega estas palabras a tu vocabulario cuando trates con personalidades azules. Agrega "diversión," o "nuevo," o "emocionante," y ellos responderán con un: –¡Hagámoslo!–

Solíamos decirle a Ella el plan del día. Ahora encontramos más fácil sólo decir: –¿Lista para la diversión?–

Mejores resultados. Menos explicaciones.

Artistas naturales.

Sí, si hay un escenario vacío, las personalidades azules querrán actuar en él. Incluso si nadie está escuchando, ellos tomarán el escenario. Observa a las personalidades azules sujetar "micrófonos de aire" y comenzar a actuar frente a sus audiencias imaginarias.

Y no te preocupes por vestuarios coordinados. Siempre y cuando su ropa tenga colores brillantes, no se preocupan mucho sobre el look del vestuario. Brillante, colorido y divertido.

Vamos al estadio.

Las personalidades azules se emocionan cuando sus amigos se divierten. Seguro, ellos pueden participar, pero se pueden divertir observando y aplaudiendo también. No se trata del marcador o del juego. Se trata de aplaudir o del acto musical durante el medio tiempo.

Al terminar, las personalidades azules podrían no recordar quién ganó el juego, pero pueden recordar las canciones que tocaron en el sonido local. O, pueden recordar los bailes graciosos que hicieron las porristas. Quizá la parte más emocionante del partido fue ordenar los dedos de pollo con papas fritas. O tal vez la bebida gigante para niños con el personaje de caricatura o la taza de souvenir. Ellos se divirtieron. Recordarán las experiencias que fueron importantes para ellos.

No juzgues un libro por la portada.

Esto es extraño. Sí, nuestra hija Ella es bastante azul. Sin embargo, llévala a un museo y estarías seguro de que es una personalidad verde.

Ella estudia metódicamente cada exhibición asegurándose de que no pierde un sólo detalle. Para Ella, aprender y leer detalles fascinantes es algo divertido.

Los niños no son 100% de un solo color de personalidad. Pueden tener rasgos de otro color de personalidad también. Somos seres humanos complejos.

Mientras que un color sea dominante, es muy fácil comprender las cosas desde el punto de vista de nuestro niño. Sin embargo, un niño puede ser una personalidad azul, pero también preocuparse mucho sobre otros niños (personalidad amarilla). Esto se pone aún más divertido mientras continuamos con nuestro viaje dentro de los colores de las personalidades.

¿Eres una personalidad azul?

Sólo pregúntate, "¿Qué es lo que disfruto hacer durante mis tiempos libres?" Si disfrutas de actividades como conciertos, fiestas, deportes de equipo, viajes, hablar sin fin con tus amigos... eso sería una pista. Puede que seas una personalidad azul.

Si tomas acción, incluso antes de tener las instrucciones, podrías ser una personalidad azul.

¿Períodos de atención cortos? ¿Te aburres fácilmente? ¿Cientos de pensamientos atraviesan tu mente mientras haces varias tareas simultáneamente? Sí... sí, eso es muy azul.

Alguien tiene que ser el alma de la fiesta. ¿Por que no serlo tú? ¿Por qué no puedes ser tú quien anime la fiesta?

Si eres una personalidad azul, entiendes totalmente a tu niño de personalidad azul. Yo lo hago. Como mamá de Ella, yo soy tan azul. No puedo evitar agregar múltiples proyectos a mi día, incluso cuando mi agenda está sobresaturada. Hey, tengo 3,261 correos en mi bandeja de entrada, pero no estoy preocupada. Llegaré a ellos... algún día.

Ella y yo zumbamos por la vida a la velocidad de la luz, y disfrutamos cada minuto de ello. Nosotras dejamos que mi esposo, Keith, se encargue de los detalles. Más sobre él más adelante.

CÓMO INTERACTUAR CON LA PERSONALIDAD AZUL.

Nada puede ser más tedioso que lavar la ropa. Aburrido. Las personalidades azules prefieren divertirse. Lavar ropa está muy abajo en la lista de diversión.

En lugar de organizar ropa, colgar camisas o separar prendas, ¿qué esperarías que hiciera una personalidad azul?

Sí, arrojar la ropa sucia en una pila en la esquina de la habitación. O, tener una pila de ropa sucia alrededor de su cesta por todos los "tiros" de basquet fallidos. Los niños de personalidades azules pueden incluso arrojar la ropa limpia en una esquina en lugar de doblarla y colgarla cuidadosamente. A menos que los padres sean personalidades azules, habrá un conflicto sobre cómo hacer que las personalidades azules realicen los aburridos deberes caseros.

Así que, en lugar de estrés, aquí está cómo yo, el padre de Ella, decidió lavar la ropa sucia en nuestra casa.

Pedirle, decirle, gritarle, rogarle… todas fueron malas estrategias para motivar a nuestra personalidad azul. Ninguna de estas estrategias suena a diversión. Así que en lugar de eso, jugamos un juego que hace que Ella guarde su ropa adecuada y rápidamente.

Comenzamos preguntando: –¿Te quieres divertir?– Por supuesto, ya conoces su respuesta. Luego hacemos esto. Vamos a hacer que guardar la ropa limpia sea un juego divertido, una prenda a la vez.

Paso #1: Hacemos una pila con toda la ropa limpia en medio de su habitación. (Si por Ella fuera, la pila simplemente se quedaría ahí, por que ella preferiría estar afuera divirtiéndose.)

Paso #2: Sacar el mini palo de hockey de juguete.

Paso #3: Con mi palo de hockey de juguete, le paso la primera prenda a Ella. Mientras la prenda está volando por los aires, yo grito: –¡Camisa!– o –¡Shorts!– o lo que sea que la prenda voladora sea.

Paso #4: Ella tiene que atrapar la prenda voladora y guardarla en el clóset o cajón apropiado tan rápido como pueda. La velocidad es importante para las personalidades azules. Si Ella es demasiado lenta, más prendas llegarán volando más rápido. Esto provoca risas incontrolables, y tenemos que reiniciar, y luego continuar con el juego.

Sí, este proceso toma más tiempo para acomodar la ropa limpia, pero ella adora el juego.

Si quieres motivar a una personalidad azul, entonces encuentra una manera de hacerlo divertido.

¿Quieres hacerlo aún más divertido?

¡Agrega música! ¡Agrega una recompensa! Agrega dificultades al hacer que cante una canción, mientras baila sobre un pie, mientras atrapa la ropa limpia…

Sí, esto es casi demasiado fácil. Todos ganan. Ella se divierte, y nosotros hacemos que guarde su ropa.

"¡Limpia tu cuarto!"

A una personalidad azul podríamos decirle: –Vamos a jugar. Tú y yo vamos a jugar a 'limpia la habitación.'– ¿Jugar? Eso suena a diversión. El azul ya está listo para el juego en su habitación.

¿La fórmula secreta para las personalidades azules?

Primero, consigue su atención.

Segundo, sé interesante.

Tercero, comunica.

Aquí está cómo funciona.

Paso uno, consigue su atención. Recuerda que los niños de personalidad azul están pensando cientos de pensamientos por minuto. Pensamientos nuevos y objetos llamativos están llevando su atención en direcciones diferentes.

Paso dos, sé interesante. Piensa sobre los cortos de las películas o los comerciales del radio. Usa muchas palabras para personalidades azules como "diversión," "emocionante" y "asombroso."

Paso tres, ve al grano... rápido. Habla rápido antes de que se distraigan de nuevo. Ya has capturado su atención.

Si le estamos pidiendo a una personalidad azul que haga su tarea, puede que ya olvidaron la primera parte de nuestra oración, y ahora están corriendo camino a jugar afuera. Puede que no escuchen toda nuestra oración. Pero, si somos capaces de capturar su atención, hagámoslo divertido y al punto. De esta manera tendremos un mejor índice de éxito.

Aquí está un ejemplo para tarea:

–¡Hey, Ben! Tengo una súper idea. Hacer tu tarea ya. Luego tú y yo podemos jugar videojuegos juntos.–

Disciplina.

Fácil. Disciplinar a una personalidad azul puede ser tan simple como retirar la diversión. El clásico "si" y "entonces" funciona muy bien con un azul.

Aquí hay algunos ejemplos,

"Si no comes toda tu cena, entonces no podrás jugar con tus juguetes."

"Si no terminas tu tarea, entonces no podremos ir a centro comercial juntos."

"Si no puedes limpiar tu cuarto a tiempo, entonces no podremos ir a la fiesta de cumpleaños."

Recuerda, la diversión es el gran motivador para una personalidad azul. Todo lo que necesitamos hacer es eliminar la diversión y mantendremos a la personalidad azul por buen camino.

Creando lazos.

Los niños de personalidad azul no necesitan tanto tiempo juntos con sus padres. Ellos quieren explorar y experimentar cosas nuevas.

Ahora, los niños de personalidad azul son muy sociables. Les encanta estar rodeados de personas en lugar de estar por su cuenta. Así que no esperes que jueguen en silencio en su habitación durante horas.

Puesto que "acción" es el segundo nombre de las personalidades azules, nuestras actividades para crear lazos pueden incluir:

- Ir al cine a ver una película de acción.
- Jugar videojuegos en la pizzería local.
- Practicar su deporte favorito juntos.
- Visitar parques de diversiones.
- Andar en bicicleta.
- Salir de casa a cualquier actividad en el campo.
- Conducirlos para ver a sus amigos favoritos.
- Tiempo de locuras, sólo haciendo tonterías.

¿CUÁL ES LA PERSONALIDAD ROJA?

Sólo piensa en niños que:

- Quieren estar a cargo.
- Demandan ser el jefe.
- Quieren ser los número 1.
- Quieren estar en lo correcto y nunca equivocarse.
- Tienen iniciativa.
- Desean lograr y medir sus resultados.
- Quieren hacer cosas por su cuenta sin la ayuda o guía de sus padres.
- Ven cada actividad como una competencia.
- Se paran sobre el carrusel durante el receso y le dicen a todos los otros niños qué deberían estar haciendo.

Bien, quizá un poco exagerado, pero tenemos el punto. Las personalidades rojas tienen impulso y un carácter fuerte. Sólo intenta razonar con un niño de personalidad roja cuando está molesto. Todos sabemos cómo termina el marcador.

Niño de personalidad roja: 1

Padres: 0

Los padres pierden cada ocasión. Las firmes personalidades rojas se salen con la suya al final.

Cómo reconocer una personalidad roja.

Es más fácil recordar cuando podemos asociar los fuertes tratos de las personalidades rojas con las demás personas. Así que aquí hay algunos ejemplos:

- Lucy de la tira cómica *Peanuts*. Una líder natural, ella no era una seguidora.
- G. I. Joe. Definitivamente un líder.
- Willy E. Coyote, que perseguía al Correcaminos en cada episodio. Persistente y nunca quería darse por vencido.
- Fonzie de *Happy Days*. La persona más en onda y con más confianza de todo el show.
- El Guardabosques que trataba de mantener al Oso Yogi lejos de los turistas.
- Las Tortugas Mutantes Adolescentes Ninja. Ellos siempre estaban peleando contra los villanos.
- Foghorn Leghorn, el agresivo gallo de *Looney Tunes*, que protegía a las gallinas.
- La Señorita Peggy de *Los Muppets*. Sí, ella siempre estaba a cargo y exigía respuestas. Ella siempre tenía que ser el centro de atención.
- Mighty Mouse. Siempre el mejor.
- La Bestia, de *La Bella y La Bestia*. Sentía apasionadamente que tenía la razón… siempre.
- Los Transformers. Héroes del bien contra el mal.

Puesto que nuestros niños de personalidad roja tienen una motivación integrada para estar en la cima, ellos son nuestros futuros campeones atléticos y estrellas en el centro de la cancha. Ellos naturalmente disfrutan de la disciplina que se requiere para desempeñarse al más alto nivel.

Busca estas palabras en las personalidades rojas.

- A cargo.
- Ganar.
- Primer lugar.
- El mejor.
- Jefe.
- El líder.
- Poder.
- Fuerte.
- Marcador.
- Número uno.
- Campeón.

¿Qué sucede cuando dos personalidades rojas se juntan?

Sólo escucha la canción que dice, "Lo que puedas hacer yo lo hago mejor… Puedo hacer lo que sea mejor que tú. No, no puedes. Sí, sí puedo, no, no puedes. Sí, sí puedo…"

Trata de imaginar dos personalidades rojas teniendo una conversación. Podría sonar algo como esto:

Rojo #1: –Saqué 10 en todas las materias de la escuela.–

Rojo #2: –¿Ah sí? Yo saqué 10 en todas las materias opcionales de la escuela.–

Rojo #1: –Mi mamá me va a llevar a comer para celebrar.–

Rojo #2: –Mi mamá me va a comprar un restaurante.–

Rojo #1: −Este verano iré a México.−

Rojo #2: −Oh ¿hiciste parapente? Yo hice parapente.−

Rojo #1: −Mis padres descubrieron y construyeron México.−

Rojo #2: −Soy el mejor jugador del equipo de fútbol.−

Rojo #1: −Soy el mejor jugador de mi equipo de fútbol americano. El fútbol americano es más difícil que el fútbol.−

Rojo #2: −¿Ah sí? Bueno, yo también juego béisbol.−

Rojo #1: −Estoy seguro de que mi familia es dueña de todas las ligas deportivas.−

El deseo por ser número uno y el deseo de competir dominará la discusión cuando dos personalidades rojas hablen.

Nuestra Ella es una personalidad azul. Ella sólo quiere diversión.

Aquí está Ella teniendo una conversación con su compañera de clase de personalidad roja, Sharon.

Sharon: −Hoy terminé 17 tareas, Ella. ¿Cuántas tareas terminaste tú?−

Ella: −Bien por ti. ¿Qué está haciendo el maestro aquí? ¿Qué está haciendo con esa pelota de hielo seco con un palo?−

Sharon: −¡Ella, no me estás prestando atención!−

Demasiado tarde. Ella ya está jugando afuera.

¿Cómo ven el mundo los niños de personalidad roja?

A las personalidades rojas les encantan los logros. Los logros personales lo son todo. Medir y comparar resultados con los otros… esa es la forma de vida de las personalidades rojas. ¿Una conversación típica?

"Ayer hice tres lagartijas más que cualquiera de mi salón. Y las lagartijas que estaba haciendo Johnny no estaban bien hechas. No estaba bajando por completo hasta el piso."

Los rojos están constantemente motivados a ganar. Si les gustan sus estudios, se estirarán hasta el límite para ser los mejores. Si les gusta su deporte, practicarán todos los días para mejorar.

Hablemos de galletas.

Las personalidades rojas son definitivamente directas en su comunicación. Por ejemplo:

"¿Puedo comer una galleta ahora?"

"Quiero una galleta ahora."

"Tengo hambre. Necesito una galleta ya."

Ellos no tienen tiempo para ser indirectos o dar pistas. Ellos te dirán lo que quieren y cuándo lo quieren.

Las personalidades rojas harán peticiones directas. No tendremos que adivinar cómo se sienten. Ellos no están siendo groseros. Ellos simplemente se comunican en su propio estilo.

¿Y el conflicto? A las personalidades rojas no les importa el conflicto. Se enfocan en conseguir lo que quieren. El conflicto es negociación, no rechazo para ellos.

Personalidad roja: –¿Puedo comer una galleta ahora?–

Papá: –No.–

Personalidad roja: –Pero necesito una galleta ahora.–

Papá: –No.–

Personalidad roja: –No comí galletas ayer, así que debo de comer una galleta ahora.-

Papá: –No. Una galleta arruinaría tu apetito.–

Personalidad roja: –Tengo mucha hambre ahora. Necesito una galleta. Tengo tanta hambre que aún tendré espacio para comer la cena.–

Papá: –No.–

Personalidad roja: –Merezco una galleta. He sido bueno todo el día.–

Papá: –No. Nada de galletas antes de la cena.–

Personalidad roja: –Prometo que comeré mi cena. ¿Puedo comer una galleta ahora?–

Papá: –Está bien, pero no le digas a tu madre que te di una galleta antes de la cena.–

Horneando galletas.

¿Las personalidades rojas? Oh cielos. Sal de su camino.

El niño de personalidad roja quiere controlar y desempeñar toda la secuencia para hornear galletas por su cuenta. Sin ayuda. Sin asistencia. Sin instrucciones ni órdenes. Las sugerencias no son bien recibidas. Sólo observa a la niña independiente haciendo las cosas a su manera. Este es su show y tú sólo puedes mirar.

Además, ¿adivina quién elige el sabor de las galletas?

Vamos a la ópera.

El niño rojo está aburrido. No hay competencia. No hay marcador.

Nuestro niño de personalidad roja hace un berrinche y ordena una actividad diferente. Habrá una guerra de voluntades en el teatro. Este conflicto continuará hasta que el o la niña de personalidad roja se salga con la suya.

¿Eres una personalidad roja?

¿Te motivan los resultados? ¿Eres una persona de pocas palabras? Entonces podrías ser una personalidad roja.

Las personalidades rojas prosperan en empleos donde son los gerentes, administradores, jefes, las personas a cargo de hacerlo todo bien. Si algo necesita ser ejecutado, deja que la personalidad roja se haga responsable.

¿Tienes una naturaleza competitiva? ¿Prosperas bajo el reconocimiento y el logro?

Bien, si algunos de estos atributos se sienten cómodos para ti, podrías se una personalidad roja. Eso significa que comunicarnos con nuestro niño de personalidad roja será fácil. Ambos estarán hablando el mismo lenguaje.

CÓMO INTERACTUAR CON LA PERSONALIDAD ROJA.

¿Quieres motivar a una personalidad roja? Prueba con esto:

- Listones.
- Premios.
- Competencias.
- Reconocimientos.
- Dinero.
- Retos.

Motivar a las personalidades rojas es casi demasiado fácil.

¿Quieres algunos ejemplos?

- Fija un cronómetro para limpiar la habitación. Ve si pueden mejorar su último récord.
- Recuérdale que su hermano limpió su cuarto más rápido que ellos ayer.
- Di: –Eres muy bueno limpiando tu cuarto, pero hoy tienes un trabajo grande. No creo que puedas terminar de limpiar tu cuarto antes de la cena.– ¡Y la carrera comenzó! Aquí está la oportunidad para la personalidad roja de demostrar que sus padres están equivocados.

Creando lazos.

Las personalidades rojas no necesitan compañía tanto como las personalidades amarillas. Ellos se enfocan en sus logros y metas personales. Cuando les ayudamos en su mejoría y desarrollo, esto cuenta como tiempo de calidad con nuestros niños de personalidad roja.

Aquí hay sólo algunos ejemplos de actividades para crear lazos con niños de personalidad roja:

- Construir una fortaleza de Lego®.
- Ir a un show automotriz para soñar sobre autos nuevos.
- Si tocan el violín, llevarlos a un concierto de violín para ver tocar a un profesional.
- Si quiere crecer y ser actor, llevarlo a una obra de teatro o a un musical.
- Ayudarle a practicar con su pasión favorita.
- Ayudarle a hacer el proyecto escolar no sólo excelente, ¡sino perfecto!

Disciplina.

Debido a su naturaleza competitiva, las personalidades rojas valoran la oportunidad de competir en eventos. Aman ser la estrella. Tener la oportunidad de desempeñarse en incluso más eventos es una motivación enorme para las personalidades rojas.

Las personalidades rojas tienen una disciplina natural. Pueden controlar su comportamiento, especialmente por incentivos futuros. Un buen comportamiento significa más y mejores oportunidades. Las personalidades rojas comprenden esto rápidamente.

¿CUÁL ES LA PERSONALIDAD VERDE?

Piensa en… pensadores. Las personalidades verdes, como las personalidades amarillas, son más silenciosas que otras personalidades. Las personalidades verdes están ocupadas observando sus alrededores y aprendiendo. De naturaleza inquisitiva, frustrarán a padres ocupados con sus preguntas interminables del por qué de las cosas.

Sus palabras favoritas son:

"¿Por qué? ¿Por qué? ¿Por qué? ¿Por qué? ¿Y por qué?"

Esto puede volver locos a sus padres. Las personalidades verdes quieren saber por qué las cosas son como son. Son lógicos.

¿Alguna vez nos hemos encontrado en esta conversación de un solo sentido? La única pregunta que nuestro niño dice es "¿por qué?"… incluso después de que hemos dado todas las respuestas posibles. Como padres, eventualmente nos frustramos y terminamos la conversación diciendo: –Por que yo lo digo, ¡por eso!–

"Por qué" es la pregunta más importante para el siempre curioso niño de personalidad verde.

Las personalidades verdes no son muy extrovertidas. Necesitan tiempo para recargarse. Ellos pueden absorber muchas experiencias y datos. Sin embargo, luego quieren tiempo en silencio para procesar y hacer que todo tenga sentido. Quieren comprender lo que han aprendido antes de salir adelante.

¿Tienes un niño bien portado que se puede entretener por sí solo? Bueno, esa es una personalidad verde.

Con todo su tiempo para pensar en silencio, las personalidades verdes pueden soñar despiertas mucho. Pueden pasar horas leyendo o construyendo edificios o aviones con Lego®. También pueden desarmar juguetes para ver sus mecanismos internos, cómo el juguete está armado y por qué funciona. Debido a que pueden estar atrapados en sus propios pensamientos, la interacción con los demás niños no es un requisito.

Las personalidades verdes cuidadosamente planifican todas sus actividades. Y las palabras "aprender algo nuevo" significan una gran emoción para ellos.

Debido a que las personalidades verdes son más lógicas, las ciencias y las matemáticas lucen naturales para ellos.

¿Qué palabras son usadas comúnmente por las personalidades verdes?

- ¿Por qué?
- Encontrar la razón.
- Estudio.
- Información.
- Pensar.
- Instrucciones.
- Seguridad.

- Pruebas.
- Experimentos.
- ¿Cómo?

Aquí hay algunos personajes famosos que son personalidades verdes.

- Velma de *Scooby-Doo*. Ella podía resolver todos los misterios sólo con su inteligencia.
- El Conde Contar, el personaje del vampiro de *Plaza Sésamo*. Contar y ordenar las cosas lo hacían felíz.
- El Sr. Spock de *Viaje a las Estrellas*. Lógico, de pocas emociones. Y cuidadoso en sus decisiones.
- Chandler de *Friends*. Su sentido del humor sarcástico demostraba sus profundos pensamientos. Y por supuesto, Ross, con su racionalidad de sabelotodo.

"Quiero una galleta."

Las personalidades verdes son más silenciosas e indirectas. No buscarán una confrontación para conseguir su galleta. En lugar de eso, usarán la lógica para salirse con la suya. La conversación puede sonar algo como esto:

Personalidad verde: –Comienzo a sentir hambre, pero no quiero arruinar mi cena.–

Madre: –¿Oh? ¿Qué es lo que quieres hacer?–

Personalidad verde: –Probablemente debería de comer algo pequeño. No quiero arruinar mi cena.–

Madre: –Está bien, ¿qué tipo de alimento deberíamos de conseguir para ti?–

Personalidad verde: –Algo pequeño. Por que quiero comer toda mi cena.–

Madre: –No se qué tenemos que sea pequeño. ¿Alguna sugerencia?–

Personalidad verde: –Tal vez debería de comer una galleta. Las galletas son pequeñas, y no arruinaría mi apetito.–

Madre: –Por supuesto. Buena idea. Déjame darte una galleta ahora mismo.–

Horneando galletas. La prueba de la paciencia.

Hornear galletas con el niño de personalidad verde. Todo debe de ser medido y revisado. La masa para galleta no puede salpicar en ningún lugar sin detener todo el proceso para ajustar los procedimientos de limpieza. Leer las indicaciones detenidamente hasta el final. Dos veces. Y si nosotros, los padres, tenemos una personalidad azul, vamos a querer tirar de nuestros cabellos en frustración e impaciencia.

Es hora de mordernos la lengua y proseguir con el pausado enfoque para hornear las galletas.

Y olvida usar palabras como "pizca," "montón" o "puñito." Los verdes no comprenden este concepto de medición. Ellos quieren medidas exactas para asegurarse de que las galletas están bien hechas.

Aprender y dominar el proceso para hornear galletas es agradable para las personalidades verdes.

¿Las personalidades verdes tienen un sentido natural de la moda?

Usualmente no. Por supuesto, estamos exagerando de nuevo. No todas las personalidades verdes encajan con esta descripción. Nosotros sólo estamos tratando de fijar ciertas guías que nos ayuden a recordar las diferentes personalidades.

Así que, para las personalidades verdes, la moda puede no ser una prioridad muy alta en sus vidas. Son fáciles de detectar. Las prendas funcionales tienen sentido para ellos. Lo más seguro es que si se visten ellos mismos, las prendas no hacen juego. Si por ellos fuese, su ropa duraría para siempre. No habría necesidad de perder tiempo en inútiles excursiones para comprar ropa. Ellos preferirían que los padres les compren la ropa, y les dijeran qué ponerse.

Vamos a la ópera.

Nuestro niño de personalidad verde puede aburrirse. Pero, cuidadoso y bien portado, nuestro niño de personalidad verde sufrirá durante la rigurosa prueba. Qué bueno que trajimos un libro o una actividad alternativa con nosotros a la ópera.

Sería una buena idea encontrar un asiento con buena vista de la acción que tiene lugar tras bambalinas. La personalidad verde estará fascinada por la actividad detrás de la cortina. Observarán los costados del escenario para ver qué controlan las cuerdas, o mirarán detenidamente lo que hacen las personas ahí detrás. Mirarán a su alrededor para ver cuáles luces brillan sobre el escenario y hacen diferentes combinaciones de color.

Otro ejemplo de personalidad verde de Ella.

Mi amiga Vicki es verde. Todos los días revisa con cuidado sus tareas para asegurarse de que no hay errores. ¿Su meta? Perfección al 100%. Cuando escribe usa letra cursiva por que es más rápida y eficiente. Sus tareas y trabajos siempre están organizados. Antes del receso, ella guarda todo detenida y cuidadosamente, y me hace esperar, y esperar, y esperar por ella. Yo sólo quiero salir corriendo y jugar.

¿Eres una personalidad verde?

¿Prestas atención a los detalles? ¿Piensas y planeas con cuidado tus decisiones? ¿Los libros y las computadoras lucen más racionales que el impredecible comportamiento humano?

Éstas son buenas señales de que eres una personalidad verde.

¿Cuáles son algunas de las ocupaciones donde encontramos abundancia de personalidades verdes? Contadores, ingenieros, procesamiento de datos y jugadores de torneos de videojuegos.

Los padres de personalidad verde se relacionan y comunican con niños de personalidad verde. La lógica, el detalle, y los escenarios sobre planeación a futuro hacen fáciles las conversaciones. Podría sonar algo como esto:

–Hora de ir a la cama. Debes de levantarte temprano para ir a la escuela mañana.–

—Ya he cepillado mis dientes y doblado mi ropa. Déjame jugar con este rompecabezas por diez minutos más antes de ir a la cama.–

—No quieres sentirte cansada cuando te levantes mañana. ¿No crees que deberías de irte a la cama ya?–

—Seguiré despierta si me voy ahora. Estaría pensando en terminar mi rompecabezas. Debería terminarlo ahora para que pueda ir a dormir sin estar pensando en los siguientes movimientos.–

—Está bien. Tiene sentido. Buena suerte terminando el rompecabezas rápido.–

—No hace falta suerte. Ye investigué las mejores soluciones en internet.–

Bueno, bueno, un poco exagerado. Pero espera una conversación estable y pareja entre personalidades verdes. Sin estrés.

CÓMO INTERACTUAR CON LA PERSONALIDAD VERDE.

Este es el color más difícil de motivar. ¿Por qué? Por que no harán nada a menos que tenga sentido.

Eso significa que todo debe ser pensado y considerado. Algunas veces les tomará por siempre a las personalidades verdes tomar una decisión. Pero una vez que han tomado una decisión, sabrán que es la decisión correcta.

Primero, debemos de conseguir su atención.

Aquí hay algunas buenas preguntas que consiguen la atención de las personalidades verdes:

- "¿Esto tiene sentido?"
- "¿Me pregunto si puedes resolver esto?"
- "¿Este es un problema interesante para resolver?"
- "¿Esto se ve perfecto o necesita ser mejorado?"

Ahora tenemos su atención. Si no somos una personalidad verde, esto luce aburrido. Pero para las personalidades verdes, estas preguntas son atractivas. Esto es ahora un reto. ¿Podrán resolverlo?

¿Quieres que guarden su ropa limpia? Pregúntales, "¿Cuál crees que es la mejor manera de organizar esta ropa limpia?"

¿Quieres que hagan su tarea? Pregúntales, "¿Me avisas cuando termines tu tarea? Así podemos planear nuestro día de mañana."

¿Quieres que limpien su habitación? Pregúntales, "¿Crees que si te ayudo, podemos organizar y limpiar este cuarto en 15 minutos?"

O podrías sólo decir, "Vamos a organizar tu habitación." Bueno, tal vez eso no motive a las personalidades verdes, pero por lo menos comprenderán.

Disciplina para la personalidad verde.

Restringir el acceso a internet sería el castigo máximo. Incluso el servicio infantil podría considerar esto como "castigo cruel e inusual" para un niño de personalidad verde.

Invitar a una manada de ruidosas, gritonas y desordenadas personalidades azules a jugar con la colección de Lego® de la personalidad verde sería una tortura. No es recomendable.

Puesto que las personalidades verdes son más propensas a considerar sus acciones, toman menos decisiones y riesgos. Rara vez irán muy lejos fuera de sus áreas de confort.

Esto hace que la disciplina no sea problema con los niños de personalidad verde. Ellos son más predecibles.

Aprender experiencias está muy alto en su lista de cosas interesantes y divertidas que hacer. La disciplina es fácil si está atada a un futuro viaje con experiencias y aprendizaje. Planear para el futuro es fácil para ellos.

Creando lazos.

Las personalidades verdes disfrutan el tiempo con… ellos mismos. No requieren constante estimulación externa para ser felices. Este tiempo en silencio con sus pensamientos es necesario para que procesen toda la estimulación del día. Así que traer estimulación adicional a sus vidas al invitar a más niños a que vengan a jugar no es necesario.

¿Y qué les gusta hacer a los niños de personalidad verde? Aquí hay algunas actividades que podemos hacer con nuestros niños de personalidad verde:

- Ayudarle a estudiar. Hacerles las preguntas del examen, explicar nuevos conceptos o ayudarles con sus fichas.
- Asistir a presentaciones o museos donde pueden aprender más sobre sus pasiones favoritas.
- Jugar un juego de mesa.
- Armar Lego® usando los instructivos.
- Crear un proyecto escolar.
- Disfrutar su pasatiempo contigo.

¿Y CUÁL ES EL COLOR DE PERSONALIDAD DE TU HIJO?

Después de leer sobre éstos cuatro colores de la personalidad, podríamos estar preguntándonos, "¿Y cuál es el color de mi hijo?"

Nuestros niños no son 100% de una de estas personalidades. No serán totalmente verdes o totalmente azules. Pero usualmente uno de estos colores de personalidad será dominante para ellos.

En nuestro caso, nuestra hija Ella, es predominantemente una personalidad azul. Sin embargo, si está estudiando o haciendo un proyecto que le gusta, podrías jurar que es una personalidad verde. Ella se puede enfocar bastante sobre cosas que le gustan, cosas que encuentra divertidas.

¿Comienzas a ver un patrón? ¿Comienzas a ver cómo nuestros niños ven su mundo desde perspectivas completamente diferentes?

Estos cuatro diferentes colores de la personalidad nos dan un vistazo sobre cómo podemos comunicarnos de forma diferente y con mas efectividad. Esto nos ayuda a relacionarnos con cómo nuestros niños ven y entienden el mundo.

¿Quieres algo de ayuda, o un repaso rápido?

Aquí hay algunos ejemplos generales de lo que podríamos notar cuando observemos a los cuatro diferentes colores de las personalidades. Esto debería de lucir muy familiar para estas alturas.

Ir de vacaciones:

Personalidad amarilla: Se emociona por pasar tiempo de calidad con la familia.

Personalidad azul: Se emociona. No hacen falta detalles.

Personalidad roja: Quiere presumir con sus amigos sobre a dónde va a ir.

Personalidad verde: Pide los detalles precisos y el calendario.

Si pudieras embotellar y vender sus mejores cualidades, serían su:

Personalidad amarilla: Consideración.

Personalidad azul: Entusiasmo.

Personalidad roja: Liderazgo.

Personalidad verde: Precisión.

Se va a la cama tarde entre semana por que:

Personalidad amarilla: Se preocupa de que olvidó darle las buenas noches a alguien.

Personalidad azul: Piensa en todo lo demás menos en la escuela.

Personalidad roja: Se preocupa por no ser un as en el examen del día siguiente.

Personalidad verde: Se asegura de que todo esté listo y preparado.

Cuando recibe un cumplido:

Personalidad amarilla: Se abruma con una sonrisa genuina.

Personalidad azul: Hace un baile de victoria.

Personalidad roja: Dice: –¡Ya lo sabía!–

Personalidad verde: Asiente con la cabeza y dice un rápido y tranquilo "Gracias."

Cuando juega con otros:

Personalidad amarilla: Se preocupa de que todos se lleven bien.

Personalidad azul: ¡Entre más gente, más ambiente!

Personalidad roja: "Yo seré el que domine."

Personalidad verde: Ha desglosado el día con actividades planeadas en incrementos de 15 minutos.

La Teoría ¡En Sus Marcas, Listos, Fuera!

Personalidad amarilla: Antes de que algo pueda ocurrir, los amarillos se aseguran de que todos estén listos. Podrían incluso preguntar si alguien más quiere unirse o si necesitan ayuda. Luego finalmente estarán listos para unirse, pero sólo cuando todo el grupo está listo.

Personalidad azul: "¡Fuera!" es lo primero. Luego viene el recuerdo de "En sus marcas" y "Listos," pero sólo después de que la acción tuvo lugar.

Personalidad roja: "¡Fuera! ¡Rápido! ¿Quién tiene tiempo de 'en sus marcas' y 'listos'?" Ellos siempre están en sus marcas y listos, a toda marcha.

Personalidad verde: "En sus marcas," "listos," revisa de nuevo "listos," revisar de nuevo, revisar para asegurarme que estoy realmente "listo," confirmar "en sus marcas" de nuevo y ahora… comenzar la planeación para "fuera."

Cuando juegan deportes:

Personalidad amarilla: El trabajo de equipo es divertido. Disfruta la oportunidad de participar como parte del equipo.

Personalidad azul: Quiere el equipo de los colores más brillantes y las porristas más ruidosas.

Personalidad roja: Quiere ganar y desempeñarse en el más alto nivel. Quiere destrozar a la competencia.

Personalidad verde: Quiere aprender cómo jugar el deporte más competitivamente.

En la escuela:

Personalidad amarilla: El hippie.

Personalidad azul: El payaso del salón.

Personalidad roja: El líder.

Personalidad verde: El intelectual.

Emociones:

Personalidad amarilla: Abrazos.

Personalidad azul: Animaciones.

Personalidad roja: Victorias.

Personalidad verde: Análisis.

Juguetes:

Personalidad amarilla: Puedes esperar que cuiden y amen sus juguetes. Cada juguete tiene su propio y adorable nombre.

Personalidad azul: Con un lapso de atención corto y su necesidad de estímulos constantes, dejarán una organizada habitación de juguetes luciendo como si un tornado más un tsunami más un terremoto hubiesen ocurrido.

Personalidad roja: Ellos reclaman los mejores juguetes. Pueden llevar a los juguetes a su límite físico y ocasionalmente romper alguno.

Personalidad verde: Ellos pueden organizar sus juguetes. Estudiarán los límites de sus juguetes e investigarán los accesorios y alternativas para sus juguetes favoritos. Las personalidades verdes pueden desarmar sus juguetes sólo para ver lo que hay dentro y aprender cómo funcionan.

Ahora, esto se está haciendo más obvio.

Cuando desciframos el color de personalidad dominante de nuestro hijo o hija, nos podemos ajustar a cómo ven el mundo. Ahora nuestra comunicación es más fuerte.

Usemos motivación y disciplina, por ejemplo. Por supuesto, esto es una simplificación, pero nos ayudará a enfocarnos a ver el mundo desde el punto de vista de nuestros hijos.

Personalidad amarilla.

Motivación: Ayudar a alguien y sentirse bien por ello. Son fáciles de motivar.

Disciplina: Se sienten fracasados cuando nos decepcionan.

Personalidad azul.

Motivación: La hora de juegos, diversión, dulces.

Disciplina: Nada de diversión. Ve a tu cuarto y quédate solo.

Personalidad roja.

Motivación: Ponlos a cargo. Deja que sean el líder.

Disciplina: Retira privilegios y haz que los ganen.

Personalidad verde.

Motivación: Explica las razones del por qué. Una oportunidad para aprender.

Disciplina: Tiempo fuera en su habitación sin estimulación.

Un estilo de motivación o disciplina no funciona con cada niño. Depende de nosotros como padres ser más flexibles en nuestro enfoque.

Nuestros espectáculos por la barrera del lenguaje. ¿Estoy hablando en inglés?

Aquí está el ejemplo perfecto de no hablar en el lenguaje del color de personalidad de nuestros niños.

Como familia, nos encanta viajar juntos. Afortunadamente, tenemos la oportunidad de viajar a varios países distintos.

A menudo en nuestros viajes, vemos turistas norteamericanos tratando de comunicarse con un local que no habla inglés. Usualmente el turista comienza haciendo una pregunta. Cuando el local luce como que no entendió, ¿qué es lo que hace el turista norteamericano?

1. Habla más lento. ¿Y cuando eso no funciona?
2. Habla más fuerte. Por supuesto que hablar más fuerte no soluciona el problema de comunicación. ¿Y qué sigue?
3. Señas con las manos. ¿Y cuando eso no funciona?
4. ¡¡Frustración!!

La conversación de un solo sentido termina en confusión para ambas personas involucradas. La comunicación no sucede. Punto.

¿Suena familiar?

Cuando hablamos en nuestro color de personalidad, pero no en el color de personalidad de nuestro niño, es como tratar de hablar con alguien que no habla nuestro mismo idioma. Simplemente no funciona.

Como padres, terminamos diciendo:

- "No lo comprendo. ¿Por qué no me escucha?"
- "No sé por qué no se aplica. Yo nunca fui así."
- "¿Por qué nunca me presta atención?"
- "¿En qué estaba pensando nuestro niño?"
- "¿Por qué está llorando cuando le dije que estaba decepcionada?"

No importa cuánto presionemos, supliquemos, o roguemos con nuestro niño, algunas veces no podemos comunicarnos. ¿Por qué? Debido a que estamos usando técnicas y palabras que funcionan para nuestro color de personalidad, pero no funcionan para su color de personalidad.

Al final del día, no se trata de lo que funciona con nosotros, sino de lo que funcionará con nuestros hijos lo que cuenta. Debemos de aprender a hablar en su lenguaje y no sólo en el nuestro.

Sí, nosotros somos los que deberíamos de modificar nuestro lenguaje. Nosotros somos los adultos. Ellos sólo son niños. Es un mundo grande y ellos tienen mucho por aprender. No podemos esperar que se ajusten rígidamente a nosotros.

QUÉ OCURRE EN LA VIDA DE ELLA.

Aquí Ella.

Déjame compartir cómo es mi vida con los diferentes colores de las personalidades.

Como ya sabes, mi madre es una personalidad azul, y mi padre es una personalidad verde. Puedo observar las diferencias todos los días de mi vida. Más sobre ellos después.

Aquí hay algunas de mis experiencias con mis amigos y maestros.

El recital de mi salón.

Mis amigos de personalidad verde son los que están al fondo del salón. Ellos no quieren que nadie los esté observando. Ellos piensan "Todos me están mirando. ¿Tengo algo malo?" Así que por supuesto que siempre quieren estar al fondo, detrás de todos nosotros.

¿Mis amigos de personalidad roja? A ellos les encanta estar al frente del escenario. Ellos quieren ser la estrella del show. Ellos quieren ser el actor con el guión más largo, o ser los primeros en cantar o tocar sus instrumentos.

Afortunadamente, tengo amigos de personalidad amarilla que ayudan a la maestra. Ellos hacen que las personalidades verdes se sientan cómodas y ayudan a que todos suban al escenario a tiempo.

Pero tengo amigos con personalidad azul como yo. Nos encanta actuar. Incluso si no hay público nos encanta subir al escenario y fingir que tenemos una audiencia. Nos encanta divertirnos. Siempre puedes saber quienes son los azules en el grupo por que somos los que saludamos desde el escenario y gritamos, "¡Hola ma!" a media función.

Desafortunadamente, hablamos mucho. Nuestra maestra siempre tiene que decirnos que estemos en silencio mientras los demás están actuando.

Mi primer día de escuela.

Niños por todas partes. Algunos estaban felices y sonriendo. Unos pocos estaban llorando. El resto sólo corría y hacían locuras.

Jeff (un verde) tenía la pierna de su mamá en un abrazo de oso. Él no quería estar ahí con el resto de nosotros.

Uno de los niños, Mark (un azul), estaba girando su mochila en una mano, su lonchera en la otra, fingiendo ser un carrusel. Los otros niños se agachaban y reían.

Jerry (un rojo) estaba buscando entre los lápices y demás útiles para encontrar los mejores y ponerlos en su mesa.

Pero Diana (una amarilla) encontró una caja de plumas que Jerry no vio. Ella le llevó a Jerry una de las plumas y sonrió. Esto hizo felíz a Jerry. Luego Jerry comenzó a gritar, "¡Esta es mi mesa, esta es mi silla, estos son mis libros…!"

Nos divertimos durante el primer día de escuela. Hicimos mucho ruido. No estoy segura de que la maestra lo pasó bien. No había muchos niños que le prestaran atención. Yo no podía esperar por el segundo día de escuela. Quiero conocer a más amigos para jugar con ellos.

Cacería de huevos de Pascua.

Molly vino a visitarme. Ella es una personalidad amarilla. Mis padres nos llevaron al parque para una cacería de huevos de Pascua.

De camino al parque hablamos sobre la diversión que tendríamos. Como Molly es una personalidad amarilla, y yo soy una personalidad azul, ninguna de nosotras se preocupó por los concursos o por ganar. No hablamos de cuántos huevos de Pascua íbamos a recolectar. Sólo queríamos pasar un buen rato.

Cuando la cacería comenzó, Molly gastó mucha energía animándome mientras corría. Ella no pasó mucho tiempo buscando huevos de Pascua por su cuenta.

Cuando encontramos todos los huevos, fue idea de Molly intercambiarlos con otros niños. Pensó que esto ayudaría a que todos se sintieran felices. Podían intercambiar los huevos de colores y los juguetes miniatura que querían. Una niña encontró algo que le gustó dentro de la cesta de Molly. Claro que me preguntó primero si lo quería yo.

Al final de la cacería de huevos de Pascua, anunciaron: –Revisen sus huevos. Algunos de los huevos tienen monedas de oro que puedes cambiar por juguetes extras.–

Molly tenía un huevo con una moneda. Ella se aseguró de sacar un juguete que no era sólo para ella, sino un juguete con el que pudiéramos jugar las dos.

Me gusta divertirme junto con las personalidades amarillas.

Todos los colores a la vez.

Un día en la escuela, mi amiga Michelle, estaba trabajando en su proyecto de ciencias.

Michelle es una personalidad verde. Ella tenía un pedazo de papel pegado en el muro y una almohadilla de tinta. Su tarea era medir y graficar qué tan alto podía saltar.

Ella ponía sus dedos en la almohadilla de tinta, luego saltaba y tocaba el papel para dejar sus huellas. Michelle continuó haciendo esto una y otra vez. ¿Por qué? Por que después de cada salto, se dio cuenta de que los resultados eran un poco diferentes. Esto tomo un largo rato ya que ella medía y registraba sus resultados después de cada salto.

Ella continuó saltando debido a que quería obtener un resultado consistente con cada salto. Las personalidades verdes son así.

Pronto Ryan (una personalidad roja) vino a ver lo que Michelle estaba haciendo. Él quería probar. A pesar de que es mucho más bajo que Michelle, él siguió intentando saltar más alto. Él quería dejar sus huellas más alto en el papel. Él siempre quiere ganar.

Y finalmente, cuando Michelle terminó de recolectar sus datos, se esforzó en bajar el papel pegado muy alto en la pared. Pero no te preocupes, Sarah (una personalidad amarilla) llegó con una silla para ayudarla a alcanzar. Sarah siempre está ayudando a todos en la escuela.

Después de un rato, decidí hacer impresiones artísticas de mis huellas en el papel extra (claro que pedí permiso a mi maestra primero). Me estaba divirtiendo haciendo diseños geniales con mis huellas. Pero cuando Michelle vio lo que estaba haciendo, dijo: –Ella, ¡no puedes hacer arte hoy! ¡No es miércoles y hacemos arte los miércoles!– Creo que no le gusta cuando cambian las reglas.

Me encantan las visitas de campo.

En mi escuela hacemos muchas visitas de campo.

Siempre puedes ver cuáles son los estudiantes de personalidades amarillas. Ellos se aseguran de que nadie se quede atrás, y de que todos sujeten las manos de sus compañeros. Le dirán al maestro que Eddie olvidó su refrigerio, o derramó su leche y necesita otra nueva.

Para nosotros los de personalidad azul, las visitas de campo son divertidas. Son mucho mejores que quedarnos dentro del salón todo el día. Eso puede ser aburrido. Para nosotros, las visitas de campo son divertidas y emocionantes. ¡Son mejores que el receso!

Tal vez corremos demasiado, causamos problemas, o hablamos mucho. Pero nos encantan las experiencias nuevas. Nos fascina ver algo nuevo.

Las personalidades rojas quieren ser los jefes. Siempre son los primeros en la fila. Les gusta decirle a todos lo que deben de hacer o dónde deberían de pararse. Nos dicen todo lo que saben sobre lo que estamos haciendo. Probablemente es bueno que sean los primeros en la fila.

¿Las personalidades verdes? A ellos les encantan las visitas de campo también. Ellos prestan atención. Toman muchas notas. Y en el camino de regreso de la visita le explican al resto de nosotros todas las cosas que nos perdimos por no poner atención.

Nuestra visita de campo al Museo Infantil.

En el Museo Infantil de Houston, hay una sección que es como un pueblo imaginario. Cuando entras al pueblo recibes una tarjeta de débito para ganar dinero y gastar dinero. Es este pueblo tienes que trabajar en un negocio para ganar dinero y hay una tienda para comprar comida. Es tal como un pueblo real, pero todo es pequeño, para niños.

Nuestra visita de campo a este pueblo para niños no fue como debería. Un grupo de niños comenzó a fingir que eran asaltabancos. Ellos fingieron robar dinero y comida de la tienda. Fingieron escapar en un coche de escape falso. Pronto, otros niños comenzaron a fingir ser policías que perseguían a los ladrones. Fue divertido ver que la mayoría de los ladrones que estaban rompiendo las reglas eran personalidades azules. ¿Y los policías? Ellos eran personalidades rojas y verdes.

¡Ese fue un viaje muy divertido!

La visita de campo al Museo de la Salud.

El Museo de la Salud también fue una genial visita de campo. Aprendimos muchas cosas geniales en este viaje. ¿La mejor exhibición? La sección de "aprender sobre escuchar."

Había una cabina para medir los decibeles. La meta de la cabina era entrar y gritar. Por afuera había un medidor que mostraba qué tan alto podías gritar. Las personalidades rojas disfrutaron entrando a la cabina para gritar y ver quién podía gritar más fuerte. Tomaban turnos entrando y tratando de gritar más fuerte que el niño antes que ellos.

Las personalidades verdes estaban afuera observando el medidor y anotando las diferencias. Las personalidades azules estaban riendo y algunos también gritaron, a pesar de estar fuera de la cabina. Algunas personalidades amarillas se ofrecieron para entrar en la cabina y ayudar a gritar más fuerte. Otras personalidades amarillas estaban diciendo: –No entres ahí. Vas a lastimar tus oídos.–

Trabajando en proyectos grupales para la escuela.

Cuando trabajo en proyectos para la escuela, tengo cuidado de recordar el color de personalidad de mi pareja.

Si mi pareja tiene una personalidad amarilla, será más fácil y divertido hacer el proyecto. Trabajaremos juntas. Nos ayudaremos mutuamente en las partes difíciles. Usualmente tomamos turnos para escribir el proyecto. Nadie es el jefe, pero mi compañero de personalidad amarilla se asegurará de que terminemos el proyecto a tiempo.

Una vez la maestra asignó a una personalidad roja como compañero en nuestro proyecto. Fue una experiencia completamente diferente. Yo supe de inmediato que ella quería ser la líder y estar al mando. Pero yo tenía ideas sobre lo que debíamos hacer en el proyecto también. La única manera en la que pude hacer que funcionara fue comenzar a escuchar y estar de acuerdo. Dejé que supiera que pensaba que tenía buenas ideas. Si trataba de cambiar las cosas o no estaba de acuerdo, eso habría causado una gran explosión.

Así que la escuché. Y la escuché. Y la escuché. Cuando ella finalmente terminó, era mi oportunidad de plasmar mis ideas en el proyecto. Como las personalidades rojas se sienten mejor cuando están a cargo, yo sólo le hice preguntas y la dejé responder.

Por ejemplo, cuando trabajamos en un proyecto de investigación sobre delfines, mi compañera de personalidad roja dijo: –Deberíamos escribir sobre dónde viven y qué comen.– Yo dije: –Eso es genial. Tú eres buena investigando eso. ¿Crees que yo debería de investigar sobre el comportamiento de los delfines?– Por supuesto que ella sintió que seguía al mando y estuvo inmediatamente de acuerdo con mi idea.

Ahora, cuando trabajo con una personalidad azul en un proyecto… ¡cielos! A veces se puede volver un desastre.

Una vez mi compañera de personalidad azul y yo estábamos escribiendo un libro sobre monos. Hicimos un enorme relieve de papel, pero se rompió por que no sabíamos cómo hacerlo bien. No nos molestamos. En lugar de eso, comenzamos a escribir bromas sobre los animales en nuestro trabajo. Nos divertimos tanto que olvidamos por completo escribir sobre nuestra investigación. Ya sé que trabajar con otra personalidad azul significa que debo de seguir en la tarea y terminar nuestro trabajo. Es muy fácil distraernos.

Cuando trabajo con una personalidad verde, todo tiene que ser perfecto. Ya sé que necesitan que todo sea preciso, correcto y limpio. La personalidad verde querrá que escriba todo en cursiva y que sea limpia y no cometa errores.

Una vez, estaba trabajando con una personalidad verde y cometí un pequeño error. A mi compañera no le gustó nada. De hecho, se volvió loca. Cielos, sólo fue un pequeño error. Pero ella quería comenzar a escribir todo de nuevo por que podías ver las marcas del borrador. ¿Escribir todo de nuevo? Eso no es nada divertido. Eso es muy aburrido.

Los maestros también tienen personalidades… y uso esto a mi favor.

Mi maestro de piano es una personalidad azul. Espero con gusto mis lecciones por que sé que nos vamos a divertir. Esto hace que sea muy fácil aprender. Quizá es por eso que me encanta tocar el piano. Siempre es divertido.

Uno de mis maestros de la escuela es una personalidad verde. Yo sé que cuando le entrego tareas no sólo tienen que estar bien sino limpias y con buena letra. Él no acepta tareas si no están terminadas. No pondrá un ojo en el papel si olvidas escribir tu nombre en la parte de arriba. Uno de mis compañeros trató de entregar su tarea con un dibujo. Él no estaba felíz con eso. A pesar de que tenía las respuestas correctas y todo estaba completo, no estaba felíz con ese pequeño dibujo.

Aprendí a no hacer dibujos sobre las tareas que le entrego a este profesor de personalidad verde.

Nuestra experiencia con la "carrera de la diversión" de nuestra escuela.

La "carrera de la diversión" recauda fondos para nuestra escuela. Por supuesto, todas las personalidades amarillas se involucran. Esto es bueno. Conseguimos más dinero para nuestra escuela.

Las personalidades amarillas se toman de las manos y cantan, o animan a los niños que siguen corriendo. ¿Las personalidades azules? Nosotros nos distraemos con los bailes o la música o hablando con los otros niños. Nos olvidamos que hay personas corriendo.

Las personalidades rojas estaban corriendo para ver quién podía dar más vueltas. Y las personalidades verdes estaban contando las vueltas, asegurándose de que nuestra escuela obtuviera crédito por cada vuelta.

¿Pero qué hay de mis padres?

Mi mamá es azul, ¡tal como yo! Esto es demasiada diversión. Podemos comenzar cosas, y luego comenzar más cosas, y luego probar con más cosas. ¡Tener una mamá con personalidad azul es divertido!

¿Cómo sé que mi mamá es una personalidad azul? Bueno, me contó sobre esta conversación que tuvo con su mamá:

***

Mis padres no eran azules. No entendían mi perspectiva. Cuando estaba creciendo recuerdo que mi madre siempre me decía: –¿Dónde está esa niña? Oh miren. Ahora está por allá, bailando. ¡Ash!–

Las conversaciones con mi mamá de personalidad roja iban más o menos así:

Mamá: –Ven para acá y limpia tu habitación.–

Yo: No le prestaba atención.

Mamá: –Apuesto que no puedes limpiar esta habitación más rápido de lo que yo puedo limpiar mi cocina.–

Yo: –Tienes razón, mamá. Voy a andar en bicicleta.–

Mamá: –¡Aaaaargh!–

Estas conversaciones dejaban a mi mamá frustrada y molesta. Ella rara vez podía motivarme a limpiar mi habitación.

¿Cuál era el problema? Una competencia para ver quién podía limpiar algo más rápido funcionan para madres de personalidad roja, pero no para hijas de personalidad azul. Lo que la motivaba a ella no me interesaba a mí en lo más mínimo.

***

¿Pero qué hay de mi papá? Bueno, él es un total verde. Él planea y planea. Luego, mi mamá y yo arruinamos sus planes con nuevas y divertidas ideas. Yo sé que él se frustra un poco cuando me explica las cosas tranquilamente. ¿Por qué? Por que yo salgo corriendo para hacer algo nuevo mientras él sigue hablando. O algunas veces lo interrumpo por que no puedo esperar a escucharlo todo, estoy lista para irme.

Estoy tan agradecida por que mis padres me enseñaron los colores de las personalidades. Me ayuda a comprender mejor a mis amigos y maestros. Uso los colores de las personalidades para hacer mi vida más fácil. Incluso me ayuda con mi padres. Sólo hablo con ellos y usualmente me salgo con la mía. A veces me sorprendo cuando no se dan cuenta de lo que estoy haciendo. Espero que no se enteren pronto.

¿QUÉ OCURRE CUANDO LOS MUNDOS DE COLOR DE LOS NIÑOS CHOCAN?

Demos un vistazo a niños con diferentes colores de personalidad mientras reaccionan ante el punto de vista de los demás. Esto deberá ser divertido.

La personalidad roja y la azul.

Sharon es una personalidad roja. Ella necesita a alguien con quien jugar. Así que llama a Ella, nuestra hija azul. Su conversación va más o menos así:

Sharon: –¿Quieres venir a mi casa?–

Ella: –¿Qué vamos a hacer?–

Sharon: –Te lo diré cuando estés aquí.–

Ella: –¿Nos vamos a divertir?–

Sharon: –Yo estaré a cargo. Sólo ven a la casa.–

Ella: –Está bien, suena divertido.–

A Sharon le gusta la conversación. Fue rápida y al punto. Ella, por otra parte, quiere seguir hablando, a pesar de que se verán pronto.

Una vez juntas…

Ella: –¿Qué hiciste hoy? ¿Te divertiste?–

Sharon: –Leí dos libros, nadé por 45 minutos sin parar, y soy la nadadora de estilo libre más rápida de mi equipo.–

Ella: –¿Te divertiste?–

Sharon: –Sí, claro. Te apuesto a que puedo correr hasta ese árbol y de regreso más rápido que tú.–

Ella: –Apuesto a que sí. Corre, yo te aplaudo desde aquí.–

Sharon: –¡Ash!–

La rivalidad no es una prioridad para Ella, pero a Sharon le encanta ganar en todo. A menudo se frustra con Ella por no querer entrar en la competencia. Pero, siempre se divierten juntas por que Sharon puede ser la jefa a cargo de la cita de juegos.

Si Sharon quiere cambiar de actividades, todo lo que tiene que hacer es usar la frase mágica, "¿Quieres divertirte?" Lo más probable es que Ella esté de acuerdo con ella.

Una personalidad roja con una amarilla.

Nada puede ser más opuesto que una personalidad roja y una amarilla. La personalidad roja quiere estar a cargo, y la personalidad amarilla no quiere tomar decisiones. Definitivamente se complementan una a otra. Apenas y hay conflicto.

Las personalidades amarillas disfrutan haciendo felices a otras personas. No se tienen que tomar decisiones, así que felizmente van con la corriente.

La personalidad roja decidirá qué comer y qué hacer. Las personalidades amarillas parecen ajustarse a sus deseos. Incluso si no les gusta la recomendación de la comida, la comerán con una sonrisa. ¿Por qué expresar una opinión diferente cuando puedes hacer feliz a las personas siguiendo la corriente con todo?

Estas dos casi siempre se llevan bien. Algunos dicen que las personalidades amarillas son las únicas que pueden soportar a las personalidades rojas. Acelera algunos años, y éstos dos probablemente terminen casados.

La personalidad verde con la personalidad amarilla.

Esto es fácil. Ambas personalidades son indirectas y no les gustan los conflictos. La conversación puede sonar algo como esto:

Personalidad verde: –¿Qué te gustaría hacer?–

Personalidad amarilla: –Lo que tú quieras.–

Personalidad verde: –Está bien, aprendamos sobre reptiles.–

Personalidad amarilla: –Suena genial. ¿Te gustan los reptiles?–

Personalidad verde: –Claro. Son muy interesantes. Hay muchos tipos diferentes.– (Esto es emoción masiva para la personalidad verde.)

Personalidad amarilla: –Está bien, vamos a aprender sobre reptiles.–

Personalidad verde: –Vamos a empezar por este libro de aquí.–

El resto del día la personalidad amarilla escucha y observa a la personalidad verde estudiando sobre reptiles. Si la personalidad verde sonríe, la personalidad amarilla se siente genial. Este es un par fácil.

La personalidad verde con la personalidad azul.

Estas personalidades son opuestas. Escucharlos comunicarse es muy divertido. Tienes que sonreír por que suena como dos conversaciones totalmente diferentes ocurriendo al mismo tiempo.

Personalidad azul: –¿Listo para algo de diversión?–

Personalidad verde: –Depende. ¿Exactamente qué es lo que vamos a hacer?–

Personalidad azul: –Podríamos saltar, correr, girar en círculos, ir al cine, jugar un juego de mesa, patear la pelota, andar en bici…–

Personalidad verde: –Espera, ¿qué es lo que vamos a hacer primero?–

Personalidad azul: –No estoy seguro. Yo creo que deberíamos… oh, ¿sabes que puedo pasar un minuto sin parpadear?–

Personalidad verde: –Mmmmm, ¿entonces no vamos a parpadear? Estoy confundido. ¿Qué es lo que vamos a hacer?–

Personalidad azul: –Una vez traté de no parpadear pero tuve que estornudar. Fue muy divertido. Sentí que se me iban a salir los ojos.–

Personalidad verde: –Bueno, entonces vamos a tratar de no parpadear. No entiendo por qué vamos a hacer eso.–

Esto puede continuar hasta que el verde sugiera algo interesante que haga que la personalidad azul se enfoque. ¿Cuando eso ocurre? Magia. Se divierten y se organizan al mismo tiempo. Le llamamos a eso "diversión calculada."

La personalidad verde con la personalidad roja.

Estas dos personalidades siempre piensan que tienen la razón. Así que, ambos se llevarán bien si ambos creen que es la mejor decisión.

Si están trabajando juntos en un proyecto escolar, ¡ten cuidado! Este será el más extenso, más intrincado, y mejor presentado proyecto de todos los tiempos.

La personalidad verde nos abrumará con información, datos, y estadísticas. Por ejemplo, si el proyecto es sobre un país, lo sabremos todo sobre la moneda, la comida, la economía, el gobierno, los tipos de suelo, la historia antigua, y mucho más.

La personalidad roja se asegurará de que sea la mejor presentación jamás creada. Sabremos por qué este es el país número uno de todos los tiempos. Todo será de lo mejor. Y, la personalidad roja insistirá que sus imágenes (como creadores de este maravilloso proyecto) sean el centro de atención.

Tal vez la personalidad verde hizo la mayoría del trabajo. Sin embargo, la personalidad roja se llevará todo el crédito. Las personalidades rojas saben que son las personas más listas de la clase, incluso si sus calificaciones no lo demuestran. El sistema de calificaciones de la escuela está todo mal.

CAMBIOS DE HUMOR Y CAMALEONES.

¿Los niños tienen temperamentos? Por supuesto. Y los pueden cambiar casi instantáneamente.

En un momento están cantando y bailando y pasando un rato genial. Al siguiente momento están haciendo un berrinche por que tienen la razón y nosotros, como padres, estamos equivocados.

¿Qué debemos de hacer como padres? Debemos de ajustarnos. Debemos ser un camaleón para que podamos comunicarnos con nuestros niños a través del temperamento apropiado. Esto puede darnos la ventaja injusta que tanto necesitamos.

Por ejemplo, nuestro hijo azul está brincando y cantando en el campo de juegos, yendo de un objeto brillante a otro. Algo capta su mirada. Una mariquita. Pero espera, es hora de ir a la librería antes de que cierre. ¡Pero nuestro niño se está divirtiendo!

Ahora, podríamos tratar de comunicarnos en el lenguaje de la personalidad azul. Podríamos decir: –Vamos a la librería. Eso será divertido.– Pero, nuestro niño azul está teniendo un "momento verde." Ha encontrado algo divertido que ha capturado su atención. Así que una mejor y más efectiva forma de comunicarnos con nuestro niño es usando el lenguaje de personalidad verde.

Tal vez podríamos decir algo como: –¡Vaya! Veo que has encontrado una mariquita. ¿Sabes que la librería tiene montones de libros sobre mariquitas? Si vamos ya, podemos encontrar esos divertidos libros y puedes ver todas las fotos.–

Ahora tenemos su interés. Más fotos y libros para observar suena tentador. Ahora está corriendo hacia el auto, listo para ir y buscar libros en la librería. Ahora, eso fue fácil.

Cuando nuestro niño de personalidad roja tiene un mal día.

Nuestra pre-adolescente de personalidad roja regresa a casa después de un mal día en la escuela sintiéndose un poco deprimida. ¡Auch! (Recuerda, las personalidades rojas quieren ganar.) Además, tuvo un difícil examen de matemáticas y sus amigas la ignoraron hoy. Viene con nosotros por un abrazo.

Este no es el momento adecuado para usar la técnica de la personalidad roja para hacer que limpie su habitación. En lugar de eso, cambiamos a una técnica de personalidad amarilla. Le damos un gran abrazo y hacemos que sepa que le ayudaremos a limpiar su habitación… juntos.

MÁS EJEMPLOS DE LA VIDA REAL.

Esto es divertido. Entre más observamos, más fácil se vuelve. Veamos algunas otras experiencias y observemos los diferentes colores de las personalidades.

La fiesta de cumpleaños.

Asiste a una fiesta de cumpleaños. Veremos diferentes personalidades en todas sus actividades.

Si los niños están comiendo pizza…

Las personalidades amarillas:

- Se aseguran de que todos tengan la cantidad y variedad correcta de pizza que querían.
- Esperan hasta que todos terminen para servir su pizza y comer.
- Se aseguran de que todos tengan algo que beber.
- Están felices y tranquilos, incluso en el caos de una fiesta infantil.
- Están felices de ayudar en la limpieza.

Las personalidades azules:

- Se emocionan sobre comer pizza. ¡Comer pizza es divertido!

- Terminan al último por que están demasiado ocupados charlando y jugando.
- Juegan con su comida. Hacen una torre/pirámide/fuerte de pizza.
- Preguntan: –¿Cuánta pizza puedo meter en mi boca para lucir como ardilla?–
- Entretienen a todos con sus ideas extravagantes.

Las personalidades rojas:

- Tienen que tener la rebanada perfecta con los aderezos precisos.
- Hablan sobre cuánta pizza pueden comer en una sola sentada.
- Se aseguran de sentarse en un lugar donde puedan ser el centro de atención.
- Le dicen a todos: –Más te vale que vengas a mi fiesta de cumpleaños. ¡Será increíble!–

Las personalidades verdes:

- Les toma una eternidad tomar una simple decisión: jamón o salami.
- Se frustran cuando otros niños reciben la segunda rebanada sin terminarse las orillas.
- Están confundidas sobre por qué los niños de personalidades azules hablan tanto en lugar de estar concentrados en comer.
- Dirán: –Ya terminé, ¿dónde es el lugar correcto para dejar mi plato?–

¿Qué tal si la fiesta de cumpleaños es en un lugar de trampolines?

A los niños les fascinan los trampolines. Saltar es una manera genial de liberar energía y, bueno… ¡son muy divertidos!

¿Pero cómo reaccionarán los diferentes colores de las personalidades en una fiesta de cumpleaños en un salón de trampolines?

- Las personalidades amarillas saltarán en grupo sujetándose de las manos.
- Las personalidades azules saltarán y gritarán sin control. ¿Qué tan cerca del borde puedo saltar? ¿Qué tal si saltamos del trampolín a la caja de arena? ¡Hay que saltar de cabeza!
- Las personalidades rojas tendrán una competencia para ver quién puede saltar más alto. Por favor, ningún color de personalidad débil durante nuestra competencia.
- Las personalidades verdes cuidadosamente seleccionarán un área para evitar chocar contra otros niños mientras calculan su trayectoria de salto.

¿Cuáles son las reacciones naturales de los diferentes colores de personalidad en los deportes?

¿Las personalidades amarillas? Los mejores jugadores de equipo. El deporte no se trata de logros individuales. Se trata del equipo. Las personalidades amarillas no se preocupan por el marcador. Cualquier posición está bien si le sirve al equipo.

¿Quienes son los mejores animadores? Obviamente las personalidades amarillas. Ellos animan a todos, ganen o pierdan.

¿Las personalidades azules? Los deportes son una manera genial de enfocar su energía y expresarse a sí mismos. Sólo piensa "diversión" y observa cómo las personalidades azules disfrutan la experiencia. Además, los deportes significan más personas con quienes hablar e interactuar. A los azules les encanta la interacción con los demás.

Sentarse en la banca no es divertido. La disciplina en exceso no es divertida. ¿Participar? Ahora, eso sí es divertido. Llevemos las reglas al límite y juguemos este deporte en maneras diferentes. Los azules son los primeros en ofrecerse como voluntarios para actividades.

¿Qué hay de las personalidades rojas? No hay sorpresa aquí. Ellos quieren competir. Ellos quieren ganar. Ellos quieren fijar nuevos récords. Por supuesto que quieren ser el capitán del equipo y tener la posición más importante mientras juegan. En béisbol, ellos insistirán en ser el pitcher o el bateador de limpieza. En el Soccer, querrán ser el delantero goleador.

Podemos esperar que las personalidades rojas sean los que más anotan, los mejores tacleadores, y siempre estén enfocados en ser los mejores. Ellos se motivan a sí mismos y practican a diario para sobresalir.

Las personalidades rojas son líderes por naturaleza. Espera a que le den órdenes a todo el equipo para conseguir el mejor desempeño posible en la cancha. No hay problema al identificar a las personalidades rojas cuando juegan un deporte.

Las personalidades verdes estudiarán todas las reglas antes de incluso considerar jugar un deporte. Espera que estudien el deporte en libros, vean videos, y quieran leerlo todo antes de siquiera comenzar. Por supuesto que pueden señalar a todo aquel que rompa una regla o no juegue limpio.

¿Quién quiere jugar un juego de mesa?

Las personalidades amarillas dejarán que todos los demás hagan su primer movimiento en el tablero de juego. ¿Qué juego? No importa. Las personalidades amarillas disfrutan el tiempo con los demás y se aseguran de que todos tengan su turno.

Las personalidades azules jugarán cualquier juego de mesa que tenga partes móviles o muchas piezas. Si les preguntamos qué juego quieren jugar, pueden responder: –¡Serpientes y Escaleras! ¡El Juego de la Vida! Espera, ¡¿quién quiere jugar en el jardín?! ¡¿Quién quiere andar en bicicleta?! ¡Espera! ¿Cuál fue la pregunta?–

A las personalidades azules les fascina la acción. Los juegos de mesa de estrategia, largos o aburridos no satisfacen a estas personalidades activas. Ellas se distraen fácilmente y los demás jugadores tienen que recordarles cuándo es su turno. Las personalidades azules estaban muy ocupadas con otros pensamientos como para prestar atención a un lento juego de mesa.

¿Las personalidades rojas? Ellos quieren jugar Monopolio. De hecho, ellos quieren dominar en el Monopolio. ¡Es el mejor juego del mundo! Un sólo ganador. Conseguir todo el dinero. Controlar todas las propiedades. Gobernar con puño de hierro.

¡Oh, espera! Está el Risk. En el juego de Risk, podemos conquistar países y… ¡conquistar el mundo! ¿Qué podría ser mejor que eso?

¿Las personalidades verdes? Ellos jugarán según las reglas – y ellos conocen cada una de las reglas. Si hay incluso una pequeña pregunta sobre las reglas durante el juego, ellos se asegurarán de buscarla en el reglamento dos veces. El juego debe de llevarse a cabo legalmente. ¿Qué tipo de juegos les gustan? Cualquier juego que involucre matemáticas o datos o estrategia.

Comportamiento en el restaurante.

Cuatro niños, cuatro personalidades diferentes. Llevamos a nuestras cuatro hijas a cenar al restaurante. ¿Qué ocurre?

¿La personalidad amarilla? Ella se asegura de que todos tengan su propio menú, que todos tengan su vaso lleno de agua. Ella está felíz de recomendar a las demás niñas qué les podría gustar. Y leerá el menú a sus hermanas más chicas mientras preguntan qué les gustaría comer.

¿La personalidad azul? Ella no se puede sentar tranquila. Ella quiere explorar el restaurante. Ella ha tomado los cubiertos de todos y creado una escultura gigante en medio de la mesa. Nadie puede leer su menú por que la personalidad azul quiere conversar con todos.

Oh, ¿y qué debería comer la personalidad azul? Bueno, no ha tenido tiempo de revisar el menú. Pero todo suena demasiado divertido para probar. Cuando le preguntamos qué quiere comer, su respuesta es: –¿Cuáles postres puedo pedir cuando termine?–

¿La personalidad roja? Ella quiere leer su propio menú. Y sí, ella sabe exactamente lo que quiere. Nada de recomendaciones de otras personas, por favor. Y cuando ha tomado su decisión, ella amablemente le dirá a las otras hermanas lo que deben de ordenar. Ella quiere ser un adulto. Quiere estar a cargo. Nada de menú infantil para ella. Debe de ser una porción de adulto entera. Ella le dirá al mesero directamente lo que quiere comer, nada de intermediarios.

¿La personalidad verde? Aquí tiene una oportunidad para estudiar el menú. ¿Qué sería lo más saludable? ¿Qué sería lo más delicioso? ¿Qué luce familiar? La personalidad verde puede no querer probar nuevas aventuras ni platillos. La comida familiar luce más segura.

Finalmente, ¿qué hay de los padres? No importa qué color de personalidad sean lo padres, deberán de tener paciencia. El mismo juego de instrucciones no funcionará para todos los colores de la personalidad.

Los abuelos.

¿Cómo interactúan las personalidades amarillas con sus abuelos? Obtienen todo lo que quieren.

¿Cómo interactúan las personalidades azules con sus abuelos? Obtienen todo lo que quieren.

¿Cómo interactúan las personalidades rojas con sus abuelos? Obtienen todo lo que quieren.

¿Cómo interactúan las personalidades verdes con sus abuelos? Obtienen todo lo que quieren.

¿Y cuál es el problema aquí?

Los abuelos.

Los azules a la cama.

"Temprano a dormir, temprano al despertar." Suena bien. Sin embargo, no funciona con los niños. Para los niños todo es nuevo. La vida es una experiencia novedosa y de aprendizaje. ¿Por qué dormir cuando podemos divertirnos tanto aprendiendo, participando, y simplemente disfrutando de la vida?

Eso significa que ir a la cama es… terrible.

¿Entonces cómo actúan los cuatro colores de las personalidades a la hora de dormir? De nuevo, haremos exageraciones, pero esto nos ayudará a recordar las diferentes maneras en las que nuestros niños piensan.

¿Las personalidades amarillas? La hora de dormir sería fácil si todos los niños fuesen personalidades amarillas. A ellos les encanta cooperar. No quieren decepcionarnos. Una historia simple, contada con amor, es todo lo que necesitan. Y un gran abrazo y una caricia harán el truco.

La hora de dormir le da una oportunidad a las personalidades amarillas para relajarse de su día. Con una ligera invitación, cepillarán sus dientes, doblarán su ropa, guardarán la ropa sucia, y se alistarán para ir a la cama. Cualquier cuento felíz es bueno para ellos.

¿La personalidad azul? Prepárate para el conflicto. Es imposible para las personalidades azules aflojar el paso y concentrarse en estar tranquilos y relajados. Demasiados pensamientos en demasiadas direcciones diferentes. Demasiadas cosas qué hacer y experimentar. Una oportunidad de hablar con más personas. Una oportunidad de estar activos. Ir a la cama es una total tortura para una personalidad azul.

Las personalidades azules tienen imaginación. Demorarán por siempre y crearán excusas interminables para no ir a la cama. Como padres, escucharemos a nuestros niños de personalidad azul decir:

- –Necesito un vaso de agua.–
- –Por favor cuéntame otro cuento.–
- –No tengo sueño. Déjame ver la televisión.–
- –Estoy aburrido. No puedo dormir. Déjame levantarme.–
- –Hay algo que olvidé hacer. Tengo que salir de la cama ahora.–
- –Tengo que ir por un libro. No puedo dormir ahora. Necesito leer algo.–
- –Me duele el estómago.–
- –Tengo hambre.–
- –¿Puedo jugar otro juego en la computadora?–
- –No quiero ir a la cama. Estoy muy despierto.–
- –Todavía no puedo ir a la cama. No estoy cansado.–
- –Dile a papá que quiero que me cuente otra historia.–

Las excusas son interminables. Los niños de personalidad azul odian ir a la cama.

Como padres, nuestra solución más fácil es dejarlos estar activos hasta que colapsan de cansancio. Desafortunadamente, eso puede no ocurrir hasta la media noche.

No se ha descubierto hasta el momento solución alguna para que las personalidades azules vayan a la cama. Los padres de niños con personalidad azul están condenados. Debemos de prepararnos a nosotros mismos para años de lucha.

¿Las personalidades rojas? Afortunadamente, tienen más disciplina. Debido a su naturaleza competitiva, algunas veces podemos razonar con ellos. Podemos asegurarles de que ir a la cama a tiempo significa un mejor desempeño al día siguiente. Necesitan descansar para que puedan ser los número uno de su clase, en el partido, en todo.

Por supuesto que no siempre es fácil. Tal vez debamos de prepararnos para una larga y desgastante discusión sobre ir a la cama. Las personalidades rojas tienen un carácter fuerte. Ellos quieren tener el control total de sus horarios y sus vidas.

¿Las personalidades verdes? Son mucho menos directas y rara vez retan abiertamente a la autoridad. Es más fácil razonar con ellos. Ellos disfrutan el confort de las rutinas. Eso significa que un cuento todas las noches hará nuestro trabajo como padres más fácil.

Vamos de compras.

Las personalidades amarillas disfrutan de crear lazos y pasar tiempo son sus padres. Ir de compras es un buen momento de calidad con ellos.

¿Qué les gusta comprar a las personalidades amarillas? Ellos están pensando en sus hermanos. Piensan en sus amigos. Comprar no se centra en lo que ellos quieren, sino que significa que pueden buscar obsequios para otros.

¿Que significa ir de compras para las personalidades azules? Una oportunidad para correr. Una oportunidad de explorar. Una oportunidad de conocer nuevas personas. Comprar es una aventura en espera de ocurrir.

Mantener el rastro de nuestro niño de personalidad azul durante las compras cuenta como ejercicio aeróbico. Ellos quieren experimentar la vida al máximo, a la velocidad de la luz. Nosotros tal vez necesitemos algo de cafeína antes de ir de compras con ellos.

¿Y qué hay de las personalidades rojas? Ellas saben exactamente qué tiendas quieren visitar. Y por supuesto, ya saben exactamente lo que quieren. Preparémonos para una batalla de decisiones cuando llevemos de compras a las personalidades rojas.

Es fácil ir de compras con las personalidades verdes. Ellos no tienden a deambular. Ellos disfrutan de la seguridad de nuestra compañía. Sin embargo, hacer que tomen una decisión puede tomar algo de tiempo. Ellos quieren asegurarse de que han pensado en todas las posibilidades antes de tomar su decisión final. Nosotros debemos ser pacientes mientras ellos toman su decisión.

Reuniones familiares.

Las reuniones familiares son sociales. Las personalidades amarillas disfrutan de estos eventos. Aquí hay una oportunidad para convivir con primos y otros parientes.

Estos eventos también ofrecen una oportunidad de prestar ayuda. Las personalidades amarillas disfrutan ayudando a preparar los alimentos. O, ayudar con la decoración puede ser divertido también.

Cuando juegan con sus parientes, las personalidades amarillas son jugadores de equipo. No insistirán en que todos jueguen su juego o hagan su actividad favorita.

Las relaciones y los familiares son divertidos.

¿Las personalidades azules? De nuevo, esta es una oportunidad para correr, gritar, ser salvajes, y divertirse. Personas nuevas por conocer. Actividades nuevas. Ideas nuevas de sus parientes. Las personalidades azules se estarán quejando, "¿Por qué tenemos que ir a casa ahora?"

¿Reuniones familiares? ¡Una enorme diversión!

Ahora, para las personalidades rojas. Las reuniones familiares son una oportunidad de mostrar su liderazgo. Ellos sugerirán las actividades que todos deben de hacer. Si hay juegos, ellos serán los más competitivos. Ellos querrán organizar a sus primos para realizar una gran actividad. Seguro, algunos pensarán que son mandones, pero para ellos, sólo están liderando al grupo.

A pesar de que las personalidades verdes son más introvertidas, ellos también disfrutan de las reuniones familiares. Para ellos, ésta es una oportunidad de aprender cosas nuevas. Sus parientes pueden tener ideas nuevas o nuevas aventuras de las cuales pueden aprender. Las personalidades verdes no tienen que ser sociales para divertirse.

¿Y quién habla más rápido?

Las personalidades azules y rojas son muy directas, y tienden a hablar más rápido. Esto es genial cuando interactúan entre sí.

¿Pero quién habla más despacio?

Usualmente las personalidades amarillas y verdes. Ellos son menos directos y tienen a considerar las cosas durante más tiempo. Cuando hablan entre sí, las conversaciones son pausadas y relajadas.

Así que podemos ver venir las cosas, ¿no es así?

Cuando los que hablan rápido hablan demasiado rápido, los que hablan despacio retroceden y se alejan. Y es divertido observar la frustración de los que hablan rápido cuando tienen que esperar pacientemente a que los que hablan despacio terminen sus oraciones.

¿CUÁLES SON LAS DEBILIDADES DE LOS CUATRO COLORES DE LAS PERSONALIDADES?

Todas las personalidades tienen buenas características y características no tan buenas. No queremos que las personas señalen nuestras debilidades. Sin embargo, saber los posibles retos ayuda cuando interactuamos con nuestros hijos. Aquí hay algunas frustraciones que podemos esperar cuando tratamos con los cuatro diferentes colores de las personalidades.

- ¿Personalidades amarillas? En ocasiones detestan salir de sus zonas de confort. Se sienten mejor quedándose detrás sintiéndose seguros.
- ¿Personalidades azules? No podemos esperar que recuerden todo. Después de todo, tienen 50 veces más interacción con sus vidas hiperactivas.
- ¿Personalidades rojas? A veces olvidan los sentimientos de las demás personas. Esto puede traerles algunos conflictos y malos entendidos.
- ¿Personalidades verdes? Desearíamos que fuesen más sociables e interactuaran más con los otros.

Las debilidades son como las axilas. Todos las tenemos, y a veces, apestan.

Algunas debilidades las podemos ver de inmediato, y ajustarnos. Convertirnos en un camaleón nos da una oportunidad de ajustarnos a las personalidades de nuestros niños.

¿Podemos hacer que nuestros niños sean más balanceados y sean camaleones de color también? Por supuesto que podemos. Sólo debemos tomar nuestro ritmo y no presionar demasiado.

Por ejemplo, nuestra hija de personalidad azul, Ella, pensó que el entrenamiento para triatlón sería divertido. Encontramos rápidamente que el 80% de los triatletas (incluyendo los padres) son personalidades rojas. No se diga más. Ella ama los deportes, así que este fue su primer deporte individual.

Después de varias semanas de entrenamiento, el espíritu competitivo de Ella comenzó a salir. Lo mejor de todo, fue capaz de aprender de los competitivos rojos y llevarse bien con ellos. Qué genial momento ganar-ganar, cuando recibió el premio por el segundo lugar pocos meses después en un triatlón. Apuesto a que su personalidad azul desgastó a algunos de sus competidores rojos.

Pero no nos concentremos mucho en las debilidades. En lugar de eso, celebremos los grandes aciertos que trae cada personalidad. Queremos que nuestros niños crezcan en un ambiente positivo y que los apoye.

¿DEBERÍAMOS ENSEÑAR LOS COLORES DE LAS PERSONALIDADES A NUESTROS NIÑOS?

¡Claro! A los niños les encanta aprender cosas nuevas. Les fascinan las nuevas pistas para comprender su mundo.

Cuando los niños aprenden sobre los colores de las personalidades, se divierten bastante observando a los demás.

- Pueden describir mejor a sus amigos con sus padres.
- Comprenden por qué Johnny es el golpeador del jardín de niños.
- Aprenden cómo llevarse mejor con sus maestros.
- Aprenden a cooperar con sus amigos.
- Saben que Ella bailará, cantará, saltará y brincará en lugar de sentarse quieta para jugar un juego de mesa.
- Y aprender cómo manipular mejor a sus padres.

¿Cómo? Sí, los niños aprenden rápido. Tienen que sobrevivir en un mundo de adultos. No tienen dinero. No tienen poder.

Entonces, ¿cómo sobrevivirán? Buscando maneras para negociar y obtener lo que quieren.

Cuando saben que mamá es una personalidad roja, y papá es una personalidad amarilla, ¿a quién le pedirán las galletas? Es obvio.

Pero cuando tienen que estar en el entrenamiento a tiempo, irán directamente con su mamá de personalidad roja para garantizar su llegada.

Los niños se adaptan. Pueden aprender los colores de las personalidades de sus padres y hacer las cosas fáciles para todos. ¡Sí! Vamos a enseñarle a nuestros niños esta fabulosa habilidad.

Desearíamos haber sabido acerca de los colores de las personalidades cuando estábamos creciendo. ¿No es así? Aquí está nuestra oportunidad para darle a nuestros niños una ventaja en el mundo.

¿Te preocupa que nuestros niños usen esta habilidad de los colores de personalidad en nuestra contra para obtener lo que desean? Por supuesto. Pero, ya son muy buenos haciéndolo. Esta habilidad sólo los hará más profesionales.

COMO PADRES, QUEREMOS QUE NUESTROS NIÑOS SEAN UNA MEJOR VERSIÓN DE NOSOTROS.

Amamos a nuestros hijos. Tratamos de hacer sus vidas más fáciles. Deberían ser más sanos, más listos y tener más dinero que nosotros mientras crecimos. Pero a menudo lo llevamos demasiado lejos.

Mi deporte favorito en la secundaria era el fútbol Soccer. Soporté el rudo sol de Texas para ser el mejor jugador que pude ser. ¿La mejor parte de mi semana? Las prácticas y los partidos.

En el primer año, mi hija quería probar con el Soccer. Me lancé con todo. Compré tacos para ambos, conos, un balón e incluso pinté el césped con aerosol en nuestro patio trasero para practicar y hacer partidos.

El equipo necesitaba un director técnico asistente. Yo fui el primero en ofrecerme como voluntario. Mi hija y yo éramos siempre los primeros en llegar y los últimos en irnos. La primera temporada fue una extraordinaria experiencia para crear lazos y observé cómo todos los niños mejoraron desde el primer día.

Después de dos temporadas, ella de pronto perdió el interés. ¿Por qué? No importa. Ella simplemente no quería seguir jugando más. Después de confirmar que era su decisión personal, estuve 100% de acuerdo con ella. Quería probar con otro deporte.

¿Debió quedarse en el Soccer? Tal vez, pero sólo es una niña. ¿Para qué obligarla a hacer sólo una cosa, y nunca experimentar nuevas opciones? Ella quería probar con el voleibol, el equipo de natación, atletismo, triatlones… sólo por mencionar algunos. No hay nada peor que un padre déspota, que presiona a su niño a jugar un deporte que no le interesa al pequeño. No podemos revivir nuestra juventud a través de nuestros hijos.

Conozco a mi hija Ella, es una personalidad azul. Disfruta al probar deportes nuevos y actividades. Comprender su personalidad azul hizo fácil que yo pudiera "soltarla" y permitirle ser ella misma.

¿POR QUÉ NO ENSEÑAN ESTO EN LA ESCUELA?

Este tema no fue cubierto en mis años en la primaria ni secundaria. Mi salón tenía más de 35 estudiantes. No había tiempo para que nuestro maestro trabajara con más de 35 alumnos durante nuestras breves clases de 45 minutos. Ojalá, todos en el salón pudieran ser "promedio" y simplemente encajar. ¿Por qué? Por que…

- Nos metemos en problemas por no participar.
- Nos metemos en problemas por participar demasiado.
- Nos metemos en problemas por no hablar y sólo recibir la información.
- Nos metemos en problemas por hablar demasiado e interrumpir la clase.
- Nos metemos en problemas por no demostrar suficiente creatividad.
- Nos metemos en problemas por ser el payaso de la clase.

Caer en los extremos puede llevarnos a un castigo. (Sí, tengo experiencia. Y sí, yo provoqué todas esas situaciones.) No es de sorprender que nos enseñen a simplemente encajar. Simplemente seguir las reglas, no meternos en problemas, memorizar cosas, y sacar buenas calificaciones.

Mi materia favorita en la universidad era "Comportamiento y Motivación Humana." Esta clase me ayudó a entender que todos somos diferentes y que ser único está bien.

Ayudemos a nuestros niños haciéndoles saber que está bien ser quien son.

¡Disfrutemos y celebremos las personalidades únicas de nuestros niños!

AGRADECIMIENTO.

Gracias por adquirir y leer este libro. Esperamos que hayas encontrado algunas ideas que te servirán.

Antes de que te vayas, ¿estaría bien si te pedimos un pequeño favor? ¿Tomarías sólo un minuto para dejar una frase o dos como comentario en línea de este libro? Tu opinión puede ayudar a otros a elegir qué leer a continuación. Sería de gran ayuda para muchos otros lectores.

COMENTARIO DEL TRADUCTOR

Ha sido un placer para mí traducir este libro para los lectores en español. *¡Cómo Hacer que los Niños Digan SÍ!,* nos ayuda a entender y ser entendidos mejor cuando educamos a nuestros hijos. Me ofrecí para traducir este libro por que conocer y aplicar estas ideas ha funcionado tan bien para mí, que deseaba compartirlas con otros.

Aprende y aplica las técnicas más prácticas y sencillas para ayudar a que tus hijos crezcan y desarrollen su potencial y personalidad al máximo.

Deja atrás la frustración, los gritos, la ansiedad, los chantajes baratos y la desesperación. Simplemente usa estos métodos para que tus niños, y los de los demás, sigan tus sugerencias e influencia más rápido, con menos rechazo y más diversión.

Gracias por soltar viejos patrones de pensamiento y creer que hay una nueva manera de educar a nuestros niños y ayudarlos a ser mejores ciudadanos del mundo, tomando posesión total de sus mentes y su responsabilidad en su viaje en este elegante planeta.

Deseo momentos felices y experiencias inolvidables para ti y tu familia.

- Alejandro G.

www.ingramcontent.com/pod-product-compliance
Lightning Source LLC
Chambersburg PA
CBHW072041110526
44592CB00012B/1506